Kolumbien fürs Handgepäck

Kolumbien

fürs Handgepäck

Herausgegeben von Ingolf Bruckner

Übersetzungen von Werner Hörtner, Moshe Kahn, Ciro Krauthausen, Álvaro López Quijano, Gert Loschütz, Sybille Martin, Ruth von Mayenburg, Georg Hellmuth Neuendorff, Katharina Posada, Andrea Scheunert, Inke Schultze-Kraft, Peter Schultze-Kraft, Peter Schwaar, Barbara Sethe, Jan Weiz, Elke Wehr, Carl Weissner und Erika Ziha

Unionsverlag
Zürich

Im Internet
Aktuelle Informationen,
Dokumente, Materialien
www.unionsverlag.com

Unionsverlag Taschenbuch 548

Rieterstrasse 18, CH-8027 Zürich
Telefon 0041-44-283 20 00, Fax 0041-44-283 20 01
mail@unionsverlag.ch

Reihengestaltung: Heinz Unternährer
Umschlaggestaltung: Martina Heuer, Zürich
Umschlagfoto: Ddiament
Druck und Bindung: CPI – Clausen & Bosse, Leck
ISBN 978-3-293-20548-2

Inhalt

Ramón Chao · Im Gauklerzug nach Aracataca 7
Mik Berger · Hühnerfuß am Heiligabend 20
Ingolf Bruckner · Mit Arturo in Casanare 25
Leoluca Orlando · Sicherheit in Bogotá 36
Alonso Salazar · Das Viertel 41
Íngrid Betancourt · Brief an meine Mutter 54
Arturo Álape · Die schwarze Hummel 60
Jeanette Erazo Heufelder · Aufstieg eines Smaragdsuchers 63
Fernando Vallejo · Vorsicht beim Kauf eines Landgutes in Antioquia 75
Álvaro Mutis · Der Besuch von El Gaviero, dem Abenteurer 81
Tomás González · Arztsein in Medellín 88
Jorge Isaacs · Blumen von María 98
Alexander von Humboldt · Vor dem Quindío-Gebirge 108
Henri Charrière · Bei den Indianern 118
José Eustasio Rivera · Mapiripana 132
Alfredo Molano · Julia Ruano – Die Koka in der indianischen Kultur 135
William S. Burroughs · Auf der Suche nach Yage 138
Fanny Buitrago · Die Kellnerin 154
Juan Carlos Botero · Dann – und erst dann – setzte er sich 164

Nachwort 177
Worterklärungen 181
Autorinnen und Autoren 184

Im Gauklerzug nach Aracataca

Ramón Chao

Es beginnt, dunkel zu werden. Als wir Schreie von Kindern hören, ist es schon stockfinster. Kein Ende in Sicht. In welchem Nest sind wir?

»Aracataca!«, antwortet ein Kind stolz. Und es läuft in Richtung Bahnhof: »Da kommt was Unheimliches, so was wie eine Küche, die ein ganzes Dorf hintendrein schleppt!«

In diesem Augenblick erzittert das Dorf von drei hallenden Pfiffen und ungeahntem Zischen der Lokomotive. Als sie sich aber von dem überraschenden Pfeifen und Keuchen erholt haben, laufen alle Einwohner zum Bahnhof hinaus und sehen die neu angekommenen Zigeuner von der Lokomotive aus winken, sehen gebannt den blumengeschmückten und mit Schmetterlingen verzierten Zug, den ersten seit zwanzig Jahren, wenn er auch mit achtundvierzig Stunden Verspätung eintrifft.

Vom Bahnhof steigt in der Dunkelheit ein ohrenbetäubender Lärm empor, der von allen Arten von Musikinstrumenten wie Rasseln, Perkussionsinstrumenten, Pfeifen und Trommeln herrührt. Man empfängt uns mit Schreien, Knallfröschen und Glockengeläut. Eine Vallenato-Band leiert näselnden Singsang herunter. Ein von einer Gitarre begleiteter Kinderchor fängt an, die Marseillaise zu singen – auf Französisch.

Dieser Wahnsinnsempfang überrumpelt uns. Wir wissen nicht, wie wir reagieren sollen. Schwierig, den Anforderungen gerecht zu werden. Wir sind nicht Melquíades, der Magier aus García Márquez' *Hundert Jahre Einsamkeit.* Das Feuer und das Eis kennen die Leute schon. Aber wer von uns wäre in der Lage, die kolumbianische Nationalhymne zu singen, oder würde es wagen, bei ihrem Chor die Marseillaise mitzumurmeln. Wir müssen also patriotisch tun und einmal kräftig schlucken, um sie nicht zu sehr vor den Kopf zu stoßen.

Wir steigen aus. Die Leute berühren uns und sagen ein paar Worte in kolumbianischem »Frenglisch«. Die Blitze der Kameras und Bergerons Projektor durchbrechen die Dunkelheit und beleuchten mindestens zweitausend Menschen. Großes Pfeifen- und Tamburingetöse.

Wo ist der Drache?

Wir müssen ihnen erklären, dass die Familie der zerlumpten Zigeuner, die wir sind, die *feria* zuerst mal gegenüber dem Bahnhof aufbauen muss. Jawohl. Wo? Es fahren zwei luxuriöse Autos vor. Es ist der Bürgermeister von Fundación, der Nachbarstadt. Er will unbedingt, dass wir zu ihm kommen, wir sollen nicht in diesem Aracataca bleiben, das uns noch nicht einmal einen würdigen Platz zur Verfügung stellen konnte. Er zeigt uns die auseinanderklaffenden Löcher zu unseren Füßen. Es stimmt, dass das Gelände für eine *feria* eher ungeeignet ist. Neben dem Bürgermeister von Fundación stehen seine Leibwächter. Sie sind bis an die Zähne bewaffnet, Zähne von einem beunruhigenden Weiß. Sie wenden sich an den Chronisten. Aracataca ist für uns symbolisch: Melquíades, das Eis, verstehen sie? Quatsch, der Nobelpreisträger hat nur Mist geschrieben, dieser Linksradikale. Aber sie fahren wieder. Uff.

Wir mischen uns wieder unter die Menge. Die Leute vergleichen uns mit den Gauklern und Jongleuren, die einige

Generationen zuvor das Eis mitgebracht hatten. Aber im Gegensatz zu Melquíades' Sippe hatten wir in kurzer Zeit bewiesen, dass wir keine Fortschrittsherolde waren, sondern ganz gewöhnliche Belustigungshausierer. So werden wir, wenn wir das Eis zeigen, auch nicht seine Nützlichkeit für das Leben der Menschen rühmen, sondern es als reine Zirkusneuigkeit preisen. Dieses Mal bringen wir unter vielen anderen raffinierten Erfindungen einen riesigen, feuerspeienden Leguan mit, den seine Erbauer freilich nicht als grundlegenden Beitrag zur Geschichte der Spezialeffekte sehen, sondern nur als einen verblüffenden technischen Knalleffekt.

Bald werden wir von der Gewalt bedroht sein. Man hatte uns gesagt, dass Aracataca sehr gefährlich sei. »In den Bergen, ja« – sie zeigen einen Kreis in der Dunkelheit –, »da ist was los. Aber die Bevölkerung ist da, um euch zu beschützen.«
Das Licht geht plötzlich an. Auf dem Bahnhof steht: *Willkommen in Aracataca, Welthauptstadt der Literatur.* Es kommt ein Soldat auf zehn Bewohner. Die Leute sind von Gambits, Danis und Brunos Tätowierungen fasziniert, die eine wahre Wanderausstellung abgeben.

»Seid ihr aus Montpellier? Ist es schön in Montpellier?«

Die Berühmtheit Montpelliers überrascht uns. Natürlich, Montpellier ist sehr schön, antworten wir und bewundern dabei die Schönheit der Nachkommen Ursulas und des Oberst Buendía.

Der Direktor des García-Márquez-Museums heißt uns kommen. Wenn wir uns stärken wollen, empfiehlt er uns das Haus der Señora Herminia.

Wir wollen schnell ein Hotel finden. Es gibt kein Hotel in Aracataca, aber zwei Pensionen, die komfortabelste ist die Residencia Montpellier. Jetzt verstehen wir, warum die schöne Stadt aus dem Midi in Aracataca den Gipfel des französischen Schicks darstellt. Die Zimmer der Herberge sind akzeptabel.

Und bestimmt sauber. Der Beweis: Ein Schild bittet die Gäste: *Nicht an die Wände spucken.* Beruhigend, aber der Raum ist derart winzig, dass, wenn man nicht an die Wände spuckt, man nicht weiß, wo zum Teufel man hinspucken soll. Obwohl in dem Zimmer schon zwei Betten stehen, teilt uns der Wirt mit, dass er noch zusätzliche aufstellen kann – für die ganze Truppe; in diesem Fall würden wir eintausend mehr pro Bett zahlen. Aber zwei sind mehr als genug, danke.

Das junge Mädchen des Hauses nähert sich dem Chronisten. Sie heißt Shirley Helena, aber da sie den Vornamen Shirley nicht mag, lässt sie sich Sirena nennen. Sie ist eine Mestizin, rundlich, hat glatte Haut und trägt nur einen kurzen, engen Rock und einen BH. Das steht dir sehr gut, Sirena. Wie aus einem Bild des kolumbianischen Malers Botero. Sie lacht laut und erfrischend. Ganz dicht vor ihm stehend, stellt sie dem Chronisten jede Menge Fragen über Paris, Frankreich, die Französinnen, die Männer, die Frauen, seine Frau und seine eventuellen Geliebten. Der Chronist zwingt sich, nicht zu vergessen, dass Sirena erst fünfzehn Jahre alt ist und er angehalten wurde, den seriösesten Eindruck von allen Zigeunern zu machen. Sprechen wir von unserem Kommen nach Aracataca. Stimmt es, dass man nicht bezahlen muss? Und warum hier, wo nie jemand hinkommt? Ich erinnere sie daran, dass vor langer Zeit andere Zigeuner gekommen sind und sich auch nicht haben bezahlen lassen. Sie hat schon mal von Melquíades gehört, von Ursula Iguarán, von der Reihe von Aurelio und José Arcadios, dem Ersten, dem Zweiten, die sie wie jedermann durcheinanderwirft. Ihr Vater hat sie kennengelernt. Ihr Vater ist siebzig Jahre alt. Seine Arbeit beschränkt sich darauf, die Tür der Pension zu öffnen und zu schließen, wenn ein Gast kommt oder geht. Jedes Mal geht er in die Küche, um den Schlüssel zu holen oder zurückzulegen. Ich sage ihm, es sei weniger anstrengend, die Schlüssel in der

Nähe der Tür aufzuhängen oder sie sogar immer bei sich zu haben. »Das ist meine Arbeit«, antwortet er lächelnd. Hat er einen der Buendías gekannt? Aureliano, den Zweiten? Oder den Dritten wenigstens? Er nicht, aber seine Mutter hat Gabito nach der Geburt in den Armen gehabt. Alle hier nennen García Márquez »Gabito« (Diminutiv von Gabo, der wiederum ein Diminutiv von Gabriel ist). Hat Ihnen Ihre Mutter gesagt, ob Gabito einen Ringelschwanz hatte? Er schaut mich erstaunt an. Lebt Ihre Mutter noch? Kann ich sie besuchen? Natürlich, sie ist zweiundneunzig Jahre alt, aber Sirenas Vater gibt mir umständliche Angaben: Neben dem Friedhof fragen Sie nach Madame Fermina, diese wird Sie zu Constancio führen, und dann … Ich danke ihm. Ob García Márquez einen Ringelschwanz hatte oder nicht, kann ich auch später in Paris erfahren.

Die Leute vom Zug halten im Bahnhof eine Versammlung ab, um einige der in Santa Marta gemachten Fehler zu vermeiden. Zunächst einmal sind alle begeistert, endlich in einem kleinen Provinznest zu sein, so wie wir uns das vorgestellt hatten. Keine großen Städte mehr, die Tournee beginnt. »Wir müssen es irgendwie so machen, dass sich nicht alle Leute gleichzeitig bei derselben Attraktion aufhalten. Das geht nicht. Sie sehen dann nichts und sind enttäuscht.«

»Es gibt keine künstlerische Leitung, jeder macht das, was ihm in den Sinn kommt.«

Fabrice wird kritisiert, weil er am Drachen den großen Zampano gemacht hat.

»Er hat als Einziger Initiative ergriffen, und jetzt fallen alle über ihn her.«

»Okay, aber auf Roberto darf nicht herumgeklettert werden; das ist eine Schändung.«

»Okay, also Fabrice, du lässt ihn erwachen und danach lässt du ihn in Ruhe.«

»Und dann ist da diese Geschichte mit dem Eismuseum. Die Leute stehen stundenlang Schlange, und dann gibt es nichts zu sehen.«

»Ja, aber sie kommen alle lächelnd heraus.«

Und dann kommt das unerwartete Manna: Claude Mattis von der AFAA kommt mit vier Millionen Pesos, womit wir bis zum nächsten Zwischenstopp durchhalten müssen.

Man könnte sagen, dass die Probleme mit den Militärs schon zum Programm gehören. Die Soldaten sind wegen der Guerilla nervös, die in diesem Gebiet ihr Unwesen treibt. Ein Junge wird mit Gewehrkolbenhieben auf den Kopf vom Bahnhofsgelände vertrieben. Cati macht den Kommandanten darauf aufmerksam, dass es sich nicht um eine Kriegsfront, sondern um eine Vergnügungsveranstaltung handelt. Sie ordnet den Abzug der Truppen an – erfolglos.

Freitag, 26. November. In den Straßen von Aracataca

Es tut gut, frühmorgens auf Entdeckungstour durch die Stadt zu gehen.

Aracataca wurde wegen seiner guten Bodenbeschaffenheit und seiner außergewöhnlich günstigen Lage in Hinblick aufs Moor hier gegründet. Es ist nicht mehr das Dorf von zwanzig Häusern aus Lehm und Bambus am Ufer eines Flusses mit kristallklarem Wasser, das dahineilte durch ein Bett aus geschliffenen Steinen, riesig wie prähistorische Eier. Das Aracataca unserer Tage zählt etwa vierzigtausend Einwohner. Der Fluss ist schlammig und dreckig und hat nichts mit dem von damals zu tun. Die Häuser haben immer noch den gleichen Aufbau wie früher, nur sind sie jetzt aus Stein oder Holz. In einem der Häuser hat der alte Zigeuner Melquíades, der immer um die Menschheit und den Fortschritt besorgt war, nicht mehr und nicht weniger als den Stein der Weisen als Vermächtnis hinterlassen, die Lösung: die Quadratur des Kreises: »Hier kaufen wir wie die Armen, um wie die Reichen zu essen.«

Der kahle und öde Weiler hat sich in ein emsiges Städtchen verwandelt mit Läden und Werkstätten und einer zuverlässigen Handelsstraße, auf der erste Araber mit Pantoffeln und Ohrringen ankamen, um Glasperlenhalsbänder gegen Papageien einzuhandeln.

Herminias Haus ist eins der schönsten im Städtchen, und es scheint, als seien die anderen nach seinem Vorbild gebaut: ein geräumiges, gut erleuchtetes Wohnzimmer, ein terrassenartiges Esszimmer mit farbenfrohen Blumen, zwei Schlafzimmer, ein Innenhof mit einem riesigen Mandelbaum, ein wohlbestellter Gemüsegarten und ein Gehege, in dem Ziegen, Hühner und vor allem Schweine einträchtig beieinander wohnen. Die einzigen nicht nur bei Herminia, sondern in ganz Aracataca verbotenen Tiere sind die Kampfhähne.

In der Nähe einer großen Wasserpfütze wächst ein Baum mit einer seltsamen Erscheinungsform, der damals von den Indianern und heute von den Alten *mocondo* genannt wird. Besonders seine Blätter erinnern auffällig an unsere Platane. An den Enden seiner Äste hängen Kapseln, die mit fünf großen, dünnhäutigen Flügeln versehen sind, schlank und zart wie Pergament. Von Nahem betrachtet, sehen sie aus wie Laternen aus Ölpapier.

Es war auch José Arcadio Buendía, der in jenen Jahren entschied, in den Dorfgassen seien Mandelbäume statt Akazien zu pflanzen, der eine niemals jemand anderem offenbarte Methode entdeckte, sie ewig bestehen zu lassen. Heute, viele Jahre später, ist aus dem Dorf eine Siedlung weißblechgedeckter Holzhäuser geworden. In den ältesten Gassen stehen noch die verkommenen, staubigen Mandelbäume, wenngleich niemand mehr weiß, wer sie gepflanzt hat.

Am Bahnhof fährt Franck ab. Sein kleiner Sohn liegt in Frankreich auf der Intensivstation. Carine hat gerade ihren Friseursalon eingerichtet – ein Stuhl und zwei Scheren –, mitten auf den Gleisen. Santi wird ihr erster Kunde sein. Punkschnitt. Das Foto wird um die Welt gehen.

Samstag, 27. November. Premiere in Aracataca

Morgens um sechs dringt der Vogelgesang ebenso penetrant durch die Fenster wie die Moskitos in der Nacht. Ein Kanarienvogel sitzt auf einem Stromleitungsmast. Er hebt den Kopf, um seine spitzen Töne auszustoßen. In der Ferne antwortet ein kräftigerer Triller.

Die Straßen sind voller Blaumeisen, Trupiale und Rotkehlchen. Warum führt mich der Vogelgesang zum Dorffriseur?

Ein großer Saal mit einem einzigen Ledersessel in der Mitte, der schon besetzt ist; fünf oder sechs Leute warten darauf, an die Reihe zu kommen. Nein, sie sind zum Schwatzen da. Ich gehe hinein und werde ausgefragt. Wo kommen die Zigeuner her, welche Neuigkeiten bringen wir mit, was bedeuten all die Tätowierungen?

Der Barbier, ein Mann um die fünfzig, diskutiert mit den Stammgästen über Musik, über den Vallenato, die Musik der Region. Das den Kubanern von den Amis auferlegte Embargo – er nennt sie *gringos,* wie alle hier, seit Mr Brown und Mr Herbert in der Nähe des Ortes mit einem Stab Ingenieuren, Agronomen, Hydrologen und Landmessern eintrafen, die mehrere Wochen hindurch die Gegenden erkundeten –, dieses Embargo also hatte großen Einfluss auf die Entwicklung der karibischen Musik. Das führte zu einer Verdrängung des kubanischen Son sowie der Rumba und zu einem übergroßen Einfluss des dominikanischen Merengue. Es war auch ein technologisches Problem: Aufgrund des Embargos verfügen die Kubaner über keine guten Aufnahmegeräte und wir wissen nicht, welche Musik sie tatsächlich auf der Insel machen.

Er beschwert sich auch über die Entwicklung des Vallenato. Am Anfang wurden in den Vallenatos Geschichten erzählt, die der Liedermacher selbst erlebt hatte. Schauen Sie sich jetzt diesen Carlos Vives an. Er vermarktet nur die Gedichte der anderen. Die Pioniere des Vallenato sangen nicht, um die Leute zu erheitern, sondern nur, wenn sie nach einem Erlebnis das Bedürfnis dazu verspürten. Für den Friseur ist Rafael Escalona die Inkarnation des Vallenato, »am nachtschwelgerischen, sehnsuchtsvollen Akkordeon. Er ist«, fährt er in einem lyrischen Erguss fort, »der Intellektuelle unserer Volksmelodien, der sie hat reifen lassen, bis sie diese Anmut erreichten, in der seine Musik die Luft der reinen Poesie atmet.«

Und dann erzählt er noch die Anekdote des berühmten Akkordeonspielers Pancho Rada, der den Beinamen Pontifex trug. Er wurde verhaftet, und sobald er im Gefängnis war, holte er sein Akkordeon hervor und fing an, die Geschichte seiner eigenen Verhaftung zu erzählen, bis das Volk seine Freilassung forderte. Sein Verfolger musste die Stadt verlassen. »Seitdem wurden deswegen nie mehr Sänger des Magdalena zusammen mit ihrem Instrument eingesperrt, das ein Dietrich und zugleich ein Schlüssel zu den Herzen der Menschen ist.«

Ich bin an der Reihe und habe schon sehen können, wie mein Vorgänger aus den Händen des musikliebenden Figaro hervorgekommen ist. Aber ich darf ihn nicht beleidigen. Ich wage es, unterwerfe mich seiner Schermaschine, komme, was wolle. Er klappt den Stuhl horizontal aus, und ohne dass ihn jemand darum gebeten hat, fängt er an, mir den Bart zu stutzen. Nun quält ihn die Blockade in Kuba, ungerecht, kriminell, von den Amis auferlegt, so wie man ihnen, den Kolumbianern, den Drogenhandel aufdrängt. Warum kann man das Koka nicht so wie Guaven verkaufen?

Die *tourista* und die Dehydrierung wüten in unseren Reihen. Durch eine Mischung aus Wasser und Mandarinensaft, die wir bei Frau Herminia getrunken haben, hat uns der Durchfall erwischt. Das Wasser von Aracataca ist kein Trinkwasser. Es müsste vor dem Trinken abgekocht werden. Irgendwann finden wir aufbereitetes Wasser in Tetra Paks, aber es ist ungenießbar. Bei der Hitze müssten wir literweise davon trinken. Jacquot ist ins Krankenhaus gebracht worden. Fidel, Puce, Tom, Manu … krank. Wir bereuen es, keinen Arzt auf die Expedition mitgenommen zu haben. Gambit sammelt alle verstreuten Medikamente ein und verteilt reichlich Nivarum. Wir fragen uns, was in den nächsten Wochen aus uns werden soll. Ab Aracataca beginnt der härteste Teil, sowohl was die klimatischen und ernährungstechnischen Bedingungen, als auch was die politische Situation und die Gewalt angeht. Bosconia, Gamarra, vor allem Barrancabermeja, so viele Konfliktherde, die wir auf uns zukommen sehen. Wer wird noch einen Monat bis Bogotá durchhalten? Wir fangen an, das Schlimmste zu befürchten, den Abbruch; es deutet sich schon an, dass einige aus unseren Reihen nicht mehr kommen werden. Wir verordnen uns drakonische Regeln: Wasser nur noch aus Plastikflaschen (und das ist auch nicht sehr sicher), Fruchtsaft nur noch mit Milch und ohne Eiswürfel. Keine Rohkost, sondern gekochtes Gemüse, Reis und heiße Suppen. So lernen wir die Qualität der kolumbianischen Eintöpfe und Suppen kennen, die in ihrer Vielfalt an Gemüse und Kartoffeln einzigartig sind.

Die Leute beschweren sich. Wie ist es möglich, dass wir noch kein Wasser, keine Duschen, keine Toiletten, keinen

Strom haben? Nicht alle können sich erlauben, ins Montpellier zu gehen. Einige leben in den Waggons und duschen entweder bei den immer gastfreundlichen Einwohnern oder bei Freunden, die ein Zimmer gemietet haben.

Der Zug ist der Mittelpunkt Aracatacas geworden. Judith und ihre Schwestern Estrella und Marisa, drei junge Mädchen von fünfzehn, siebzehn und zwanzig Jahren, unsere Freundinnen, kannten ihren Bahnhof nur als einen trübseligen Ort. Im Moment ist er voller Leben. Die Leute diskutieren, Gefühle kommen hoch. Oft verstehen wir nicht gut, was die Lippen sagen, aber die Herzen übersetzen die fremden Worte. Für die jungen Mädchen Aracatacas ist dieses neuartige Spiel Anlass für Gelächter und Verblüffung, Erschrockenheit und Spott, und abends sprechen sie von ihrem Spaziergang wie von einer Traumerfahrung.

Als die *feria* die Tore öffnet, erscheint Judith in Tränen aufgelöst. Einer ihrer Freunde, Fagid Cure Graaf, genannt Fagidito, Nachkomme der ersten Araber von Aracataca, hat sich gerade das Leben genommen. Seine Eltern haben sich getrennt. Fagidito hatte vorher bei seiner Mutter in Barranquilla angerufen, um ihr all seine Liebe zu versichern und ihr seine Entscheidung, sich das Leben zu nehmen, mitzuteilen. Dann ist er zu seinem Vater gegangen, den er aus tiefstem Herzen liebte, und entwendete ihm seine Pistole. Er nahm sich noch die Zeit und packte der ex-zukünftigen Stiefmutter ein kleines Paket als Nachlassgeschenk mit einem seidenen Tischtuch darin. Als sein Vater ins Zimmer stürzte, fand er Fagidito mit einem Loch im Kopf. Auf dem Bett ein Brief an seinen besten Freund, der gleichzeitig auch sein Partner in einer Getreidefirma war. Fagidito vergewissert ihm seine Zuneigung und überträgt ihm seine Anteile an dem Geschäft.

Und das Spektakel beginnt. Eigentlich ist Aracataca seit Ankunft des Zuges in einem Partyzustand. Der Eisblock, der in Santa Marta aus technischen Gründen nicht ausgestellt worden war, wurde heute im Eilverfahren fertiggestellt und nun zum ersten Mal gezeigt.

Die Darbietungen des *Expreso del Hielo* reihen sich vor mehreren tausend Menschen wie durch einen Zauber aneinander. Das Publikum geht in die Buden, die Kinder berühren das Eis. Dann die Marionetten, Trapeznummern, Märchen, Musik von hier und Musik von weit her mit den French Lovers. Später, in der Nacht, wird die Musik plötzlich apokalyptisch. Der Yeti-Waggon öffnet sich, und ein surrealistisches Bild entsteht: In Dampf, Kälte, Rauch und Licht toben maskierte Wesen auf dem Eis, um es in tausend Stücke zu zerbrechen. Genau das Richtige, um den Drachen Roberto aufzuwecken. Er richtet sich auf, seine Augen blitzen, und er speit Feuer. Die Menge ist durch die plötzlichen Bewegungen beunruhigt. Dann beruhigt sich die Musik, um dann umso schöner erneut zu beginnen: Mano Negra kommt auf die Bühne.

Die Einwohner von Aracataca sind derart hingerissen von so vielen wunderbaren Erfindungen, dass sie nicht wissen, wie sie ihr Staunen zeigen sollen. Ein kleines Mädchen sagt, das Eis ließe ihr »Skelett erzittern«, einem Jungen »brennt« es einfach. Die Leute stehen Schlange, um die Eisskulpturen zu sehen, verbringen Stunden vor dem Yeti und staunen, wenn Roberto den Platz mit Gebrüll und Feuer füllt.

Im Grunde übernimmt Roberto in Aracataca die Rolle, die vor vielen Jahren das Eis gespielt hat. Die Jungen und die weniger Jungen reißen die Augen weit auf, schwärmen, schreien und weichen jedes Mal vor Angst zurück, wenn Roberto mit seinen durchdringenden Blicken über den Bahnhof fegt und seine Flammen zehn Meter weit speit. Und das alles bei einem Riesengetöse. Ein kleines Mädchen möchte ihn gerne mit zu sich nehmen, »damit er die Moskitos vertreibt«, ein anderes

Mädchen hätte gerne, »dass er ihr Legenden aus seinem Land erzählt«.

Kein Einwohner Aracatacas nähert sich jedoch der Tätowierbude; alle, die ihre Haut der Geduld von Tom und Dani aussetzen, kommen aus dem Nachbarort Fundación. Judith erklärt uns, dass man es in Aracataca verabscheut, den Körper zu brandmarken, und dass die Leute versuchen, ihre Narben so weit wie möglich zu verbergen.

Wie soll man da nicht an die siebzehn Söhne Aureliano Buendías denken, die Amaranta an einem Aschermittwoch zur Kirche begleitete? Eher belustigt als fromm, ließen sie sich zum heiligen Tisch führen, wo Pater Antonio Isabel ihnen das Aschenkreuz auf die Stirn malte. Als der Jüngste sich schließlich zu Hause die Stirn säubern wollte, entdeckte er, dass sein Zeichen wie das der Brüder unauslöschlich war. Sie versuchten es mit Wasser und Seife, dann mit Erde und Besenpriemkraut, zum Schluss mit Bimsstein und Lauge, und doch konnten sie das Kreuz nicht wegwischen. Dafür rieben Amaranta und die übrigen Messegänger es sich ohne Schwierigkeiten ab. Die siebzehn Söhne Aurelianos wurden alle durch Gewehrschüsse mitten ins Aschenkreuz getötet.

Tom und Dani können noch so sehr mit Wasser abwaschbare Tätowierungen anbieten, die Angst vor dem Unheil ist so tief in den Köpfen der Leute verankert, dass selbst Judith sich weigert, vor den Tätowierern Platz zu nehmen.

Judith kommt in Tränen aufgelöst wieder. Ein weiterer Junge, Leonardo Gómez Acosta, dem Fagidito seinen Abschiedsbrief schrieb, hat seinerseits gerade Selbstmord begangen. Und auch er hat einen Brief, ein paar Worte für seinen besten lebenden Freund hinterlassen.

Hühnerfuß am Heiligabend

Mik Berger

Der Tag beginnt mit Regen. Traurige Tango-Musik schallt aus dem Haus schräg gegenüber, während dicke Tropfen die roten Blütenblätter von dem kleinen Baum vor dem Haus schweben lassen. Innerhalb weniger Tage sind die Blüten gewachsen, und es wird auch nicht lange dauern, dann bilden sich schmackhafte Früchte am Baum, die *pomorosos.* Es ist leicht nachzuempfinden, wie man sich an einem solchen Morgen fühlt.

Schwieriger ist es, die Empfindungen zu definieren, die man hat, wenn man einer schönen Frau im knappen Oberteil gegenübersitzt (ja, mal wieder …), die eine große Hühnerkralle am dazugehörigen Bein aus ihrer Suppe zieht, um genüsslich daran herumzuknabbern. Aber von Anfang an: Wir schleppen drei große Hühner, Kartoffeln, *plátanos, yuca,* Zwiebeln, Tomate, Paprika, Gewürze und allerlei Grünzeug zusammen mit dem großen Topf aufs Dach. Dann schütten wir herumliegendes Holz auf, entzünden es, lassen Wasser in den Topf laufen, und schon ist eine *sancocho* am Brodeln, inklusive Hälse, Füße und Innereien der Vögel. Stumm schauen die Hennen und Hähne vom Nachbardach zu, wie ihre Artgenossen mal ein Bein, mal einen Flügel über den Topfrand hängen lassen.

Circa zwei Stunden später ist die Suppe fast fertig. Gelegenheit, kurz in Deutschland anzurufen, wo es inzwischen zehn Uhr abends ist und zum ersten Mal seit Jahren am Heiligen Abend der Schnee rieselt, hier und jetzt unvorstellbar.

Wir schleppen den großen, schweren, heißen Suppentopf vorsichtig zwei Stockwerke die engen Treppen hinunter in die Küche, und damit kann das allgemeine Chaos so richtig anfangen. Am Tisch ist Platz für vier Personen, also isst ein Teil der Familie hier, ein Teil vor dem Fernseher, ein anderer Teil ist noch eine Stunde später dabei, sich einen Platz zum Essen zu suchen.

Und so wird es den ganzen Abend und die Nacht in allen Häusern weitergehen: Es kommen welche, es gehen welche, es machen welche Feuerwerk auf der Straße, es wird hier geplaudert, dort getanzt, und dabei ist es schwer, irgendjemanden zu verstehen, denn auf der Straße konkurrieren drei Lautsprecherpaare in unmittelbarer Nachbarschaft miteinander. Die *tienda* ist geschlossen, aber wir klopfen nebenan an der Privatwohnung. Alberto sagt, nur von dem Bier, das wir trinken, könnte er leben, und wahrscheinlich stimmt das sogar. Heute hat er Pech: Als wir zum dritten Mal kommen, ist *cerveza* ausverkauft. Der Laden drei Häuser weiter, an der Ecke, hat geöffnet, und wir kaufen die letzten neunzehn Biere.

Zwischendurch kommt Besuch von einer Freundin, natürlich isst sie mit uns, und sie bekommt neben mir, dem Ausländer, den besten Platz am Tisch. Eine alte schwarze Frau aus der Nachbarschaft steht vor der Tür und weint, weil wir sie noch nicht besucht haben, wir hätten sie einfach vergessen.

Um sieben Uhr abends schneit es auch hier: Styroporflocken beim Krippenspiel vor dem Haus gegenüber. Alle Kinder aus der Nachbarschaft sind gekommen, beten und singen miteinander, klatschen in die Hände. Die Heiligen Drei Könige holen das Jesuskind aus der Krippe. Die Kinder schreien laut durcheinander, einer fällt besonders auf, mit seinen sechs, sieben Jahren führt er sich auf wie ein Halbstarker in der Bronx. Die meisten Kinder hier sind nach deutschen Maßstäben zwar nicht besonders gut erzogen, aber sie sind aufmerksam, hilfsbereit, schnell von Begriff – das heißt, sie haben die besten Voraussetzungen, wenn es ihnen gelingt, irgendwann aus dem Stadtviertel herauszukommen. Aber ein paar sind dabei, die in spätestens sieben Jahren das Gefängnis von innen kennenlernen werden – sollten sie dann noch am Leben sein.

Pedrito, der seit dem Motorradunfall verhaltensgestörte Sohn von Jimi, hat in irgendeiner Wohnung eine Plastikwaffe gefunden, die genauso aussieht wie eine echte Smith & Wesson. Wie ein Irrwisch läuft er durch die Gegend, bleibt mit flackernden Augen vor der erstbesten erwachsenen Person stehen, hält ihr die Pistole an den Kopf und drückt ab. Wie lange wird es dauern, bis er bei seinem Vater dessen echte, scharfe Waffe findet und ein Kind sterben muss? Wir reden mit Jimi, er nimmt seinem Sohn die Pistole ab und übergibt ihn wieder irgendjemandem zur Aufsicht, geht Bier trinken.

Doch bald gibt es wieder Aufregung, und diesmal ist Jimi direkt beteiligt: Er hat Besuch von drei »Freunden«, die ihm etwas gestohlen haben, was auch immer dieses Etwas gewesen sein mag: Er hat sich darüber beschwert, und wie bereits bekannt, ist das ziemlich gefährlich. Es gibt harte Worte, drei Leute, drei Messer, eines links, eines rechts, in der Mitte beugt eine Kopfnuss vor. Irgendwie hat Jimi Glück, es geht gerade nochmal gut, aber er ist geschockt, wütend und hilflos.

Seine Gesellschaft ist heute gefährlich, die Nachbarn wissen das. Aber sie sind wie Kinder: Die Neugierde ist stärker, sie lachen darüber, spielen mit der potenziellen Gefahr. Leben in Kolumbien ist gefährlicher als in den meisten anderen Ländern der Welt. Man verdrängt das Wissen darum, bis in der Bekanntschaft wieder ein junger Mensch getötet wird, für ein Bier oder als »Freundschaftsdienst«. Dann ist die Betroffenheit groß, für kurze Zeit, um erfolgreich wieder verdrängt zu werden. So auch hier: Als kurz darauf die Weihnachtsgeschenke verteilt werden, sitzt Jimi bei uns im Wohnzimmer – womit wir ihm und seinen »Freunden«, sollten sie zurückkommen, ohnehin nicht aus dem Weg gehen können.

Die Familie ist groß, die Geschenke sind klein: Eine Digitaluhr, eine Tasche, ein T-Shirt. Geld aus Deutschland, Parfüm von San Andrés. Aber alle freuen sich, am meisten über die Küsschen, die als Dankeschön verteilt werden.

So ähnlich wie beim Julklapp gibt es jetzt auch die Geschenke vom »Geheimen Freund«. Allerdings haben die geheimen Freunde ihren Namen wenig geheim auf das Paket geschrieben – damit man auf jeden Fall weiß, von wem man beschenkt worden ist und sich mit einem erneuten Kuss bedanken kann. Die Kinder bringen ihre Geschenke sofort in Sicherheit, damit nichts verloren geht in dem allgemeinen Durcheinander. Die meisten Geschenke bekommt der Gast aus Deutschland: Eine sehr schöne Wanduhr im präkolumbischen Stil, außerdem ein Originaltrikot der »Millonarios« aus Bogotá, eine Jeans, einen Ledertrinkbeutel mit *aguardiente*.

Dafür bekommt seine allgemein beliebte und geachtete Frau kein einziges Geschenk – die Gaben für ihn haben die letzten Reserven aufgebraucht. Hoffentlich bringt das Glück!

Eine Stunde später gibt es noch eine große Überraschung: Tomas, der jüngste Bruder, hat versucht, mit seinem Imbiss heute noch ein gutes Geschäft zu machen, sich dafür aber leider den falschen Tag ausgesucht: Auch in Cali isst man an diesem Tag lieber im Kreise der Familie. Jetzt steht er im Türrahmen, als Weihnachtsmann verkleidet und laut »Ho ho ho« rufend. Das ist der zweite Grund, warum er so spät kommt: Ein Weihnachtsmann mit dicker Kleidung und wärmendem Bart ist in der Stadt des ewigen Sommers nicht gerade alltäglich – alle wollen ihn anfassen, mit ihm reden, ein Foto von ihm schießen.

Wir gehen mit dem Weihnachtsmann durch die Nachbarhäuser und verteilen *panelitos* (eine kleine Karamellleckerei, bei uns in ähnlicher Form wegen des Bildes auf der Verpackung auch als »Kuhbonbons« bekannt), die er normalerweise verkauft. Dabei erleben wir auch traurige Weihnachten: Eine Familie sitzt zusammen, ohne Essen, mit einigen wenigen Möbelstücken in einem Raum ohne Farbe und ohne Dekoration. Im nächsten Raum beginnt die Baustelle, sie haben kein Geld mehr, um an dem Haus weiterzubauen. Draußen rufen mich ein paar Jugendliche zu sich, sie wollen unbedingt wissen, wie groß ich bin.

Das ist mir mit meinen gerade mal 1,83 Meter auch noch nie passiert!

Papá Noël bringt den Tanz auf der Straße in Schwung, aber es ist ja auch noch früh, ein Uhr nachts. Bald tanzen acht Personen, während die anderen auf ihren vergitterten Balkonen stehen und zuschauen. Und so geht es den Rest der Nacht weiter: Salsa an jeder Ecke, Böller und vereinzelte Raketen, viel süßer Sekt und *aguardiente*. Das Wichtigste für mich aber war: Ich habe Salsa auf den Straßen von Cali getanzt! Das soll zu den ebenso schönen wie bedeutenden Erlebnissen in meinem Leben gehören, die ich nie vergessen werde.

Mit Arturo in Casanare

Ingolf Bruckner

»Schön ist die Ebene und schrecklich zugleich; in ihr haben herrliches Leben und grausamer Tod ihren Platz. Der Tod lauert überall, aber niemand fürchtet ihn. Wohl erschreckt die Ebene den Menschen; aber ihr Schrecken lässt das Herz nicht erstarren: er ist heiß wie der starke Wind, der über die besonnte Einöde weht, glühend wie das Fieber, das in den Sümpfen brütet.«
Rómulo Gallegos, *Doña Barbara*

April 2011. Mit Arturo durch Casanare. Per Bus von Yopal aus über das breite Geröllbett des Cravo Sur und weiter, hinein in das Herz der Savanne.

In diesem Bus singt niemand, und es tanzt niemand. Die Menschen – es sind nicht so viele – sitzen schweigend, der Bus rumpelt, und ein Mal sehe ich, wie der Schattenfleck eines vor der Sonne jagenden Sperbers über Arturos Gesicht gleitet.

Gelb sind die Llanos, dürr, fast unbewohnt bis auf die selten auftauchenden Bambus- und Lehmkaten. Wenn der Bus hält, um einen Passagier rauszulassen, bemerkt man: Die Bäume rascheln nicht, sie knistern. »Zu Ostern beginnt der Winter. Schau nur, in den Bergen braut es sich schon zusammen«, sagt Arturo.

Die Wolken über uns ziehen frei, aber die dunklen Berge

im Westen stoppen sie. Das Regenwasser, weiß Arturo, wird bald aus allen Klüften in Sturzfluten hinabbrausen in die Llanos. So wie jedes Jahr.

Doch auch die Menschen werden sich schon bald freimachen von der unheilvollen Gravitation des Gebirges, das sie jahrhundertelang eingeschlossen hat, und hineinquellen in die Llanos: In für sie neues, unbekanntes Land, neues Leben. So geschieht es bereits in der Nachbarprovinz Meta, dem wohl vielversprechendsten aller Kolonisationsgebiete, und so wird es nun hier, im ölreichen Casanare, sein, sobald denn endlich die Verbindungsstraße aus Sogamoso, der »Zivilisation«, fertig ist. In Yopal ist das neue Leben bereits angekommen, erst tröpfelnd, dann brausend, und mit ihm Arturo: »Vor acht Jahren, als mich ein verhängnisvoller Impuls aus Sogamoso hinuntertrieb bis Yopal, ein Impuls, ausgelöst natürlich durch eine Frau, da war das eine gelähmte Kleinstadt, beherrscht von Paras. Und blick dich dort heute um: Bei uns gibt es Modesalons, Optiker, Zahnärzte, Eiscafés! Rundgeschnittene Parkbäume! Die langbeinigsten Mädchen! Und die dicksten Geländewagen! Das Öl, *hermano,* das Öl hat angefangen zu sprudeln!«

Nein, Arturo stammt nicht aus den Llanos. Zwar ist er impulsiv, immer auf der Jagd, das ja, aber es mangelt ihm an Härte, und er trägt keinen Stetson, keinen Schnurrbart, kein Messer und hat auch nicht so einen Poncho saunatuchartig über die Schulter geworfen, wie es echte Casanareños tun.

»Wie war das früher unter den Paramilitärs?«, frage ich.

Doch Arturo sitzt schweigend. Und plötzlich spüre ich seinen heißen Atem im Ohr, als er flüsternd hervorstößt: »Ich kann hier nicht sprechen …«

Und nun kommt der Augenblick, da der Schatten des Sperbers ihm übers Gesicht streicht.

Zweieinhalb Stunden bis Trinidad. Der größte und älteste Ort weit und breit und dabei kaum vier Jahre wieder zumindest annähernd in Regierungshand: viel Staub, viel Unkraut, viele unverwirklichte Ideen. Straßen im typischen Schachbrettmuster – unbefestigt wie fast überall in Casanare. Ein monotones, unfertiges und überwuchertes Wohnungsbauprojekt. Zerfetzte Bauplanen. Eine stacheldrahtumzäunte Brache: Der Busbahnhof. Zwei Lkw-Wracks mit eingedrückten Motorhauben und ein paar Mopeds – die einzigen sichtbaren Fahrzeuge. Mittagsglut. Wir setzen uns in den Schatten, trinken Malzbier, warten gespannt. Arturo inspiziert seine teure Filmkamera. Und dann kommt auf einer Honda der, auf dessen Einladung wir hier sind, den Sombrero im Nacken, die Stiefel staubig: Heiler Vargas Oropesa, Organisator des Nacional de Vaquería, des Nationalen Lassowettkampfs, der dieses Jahr zum dritten Mal ausgetragen wird. Von ihm hat Arturo den für einen Fotojournalisten besonders wertvollen Tipp bekommen: Heute, einen Tag vor Beginn des Wettstreits, werden die Rinderherden von ihren angestammten Weidegründen durch den Río Pauto hergetrieben. Heiler (das ist kein Beruf, sondern ein Vorname!) hat einen einäugigen Fahrer für uns organisiert.

In der Klapperkiste, die einst ein Buick war, über Feldwege hinein ins wilde Casanare. Der Einäugige steuert und schweigt. Arturo bereitet fieberhaft seine Kamera vor. Ich sitze hinten und fiebere ebenfalls – vor Angst, dass die paramilitärische Bande eines Manuel Llano aus dem *morichal,* dem Palmenhain zu unserer Rechten, oder den Galeriewäldern des Pauto zu unserer Linken, plötzlich auftauchen könnte! Holzpfähle, stacheldrahtbespannt – die Grenzmarkierungen der einzelnen Fincas, säumen unseren Weg.

Vor uns plötzlich eine Traube schwarzer Geier, die entsetzt auffliegt und den Blick freigibt auf einen Berg Innereien. Wie

Holzscheite lehnen säuberlich abgetrennte Rinderfüße am Zaun. An den Hufen ist Schlamm zu erkennen: Heute Morgen noch sind sie wohl durch die Savanne gestampft …

Auf der Uferböschung. Dick, grau und schweigend fließt unter uns der sonnenverzehrte Río Pauto. Und ein Pauteño ist auch da, ein echter *vaquero,* wie die Cowboys hier heißen, ein harter Kerl auf seinem *caballito rucio,* dem Grauschimmelchen. Flugs hat er seine Sachen ausgezogen und reitet nackt durch die Furt hinüber zur anderen Seite, wo sich das Vieh versammelt. Arturo legt sich mit der Kamera auf die Lauer – zu seinem Unglück mitten auf eine Blattschneiderameisenstraße.

Und nun ist es soweit! Wie eine Flutwelle ergießt sich tobend und schnaufend die grauweiße Rinderherde, geleitet von dem Pauteño und weiteren *vaqueros,* deren Schreie wie unsichtbare Girlanden herüberwehen. Die ersten Rinder stürzen sich todesmutig die Böschung hinab, die folgenden werden mitgerissen, einige fallen rittlings ins brodelnde Wasser, manche suchen vergebens auszureißen. Und jetzt sind alle in der Strömung: eine langgestreckte Kette schwimmender Leiber, nur die geschwungenen Hörner und geweiteten Nasenöffnungen sind zu sehen. Arturo ist den Tränen nahe vor Begeisterung; die Bilder sind im Kasten.

Unweit des Río Pauto liegt die Finca Patoblanco, ein Landgut des Ex-Gouverneurs Don Emilio. Vier oder fünf Hunde reißen mich zur Begrüßung fast um.

Später sitze ich in dem hautbespannten Gutsbesitzerstuhl im Korridor, der so gebaut ist, dass man hindurchreiten kann, zu meinen Füßen die riesigen Hunde. Ein indianischer Angestellter in Cowboyoutfit harkt den Hof. Eine indianische Frau schiebt Holz ins Küchenfeuer. Kreolische Hähne und Enten spazieren umher, Papageien krächzen auf dem Kronleuchter. Arturo stromert unermüdlich durch den Garten, immer auf der Jagd: Manchmal sehe ich zwischen den Bäumen den Chromverschluss seiner Kamera im Sonnenlicht aufblitzen. Unter einem Hibiskus kauern drei gelähmte Schäferhunde. Einer kann gar nicht laufen, einer rutscht auf dem Hinterteil, einer hinkt.

»Was ist mit ihnen?« – »Sie haben Polio«, erwidert die Frau. »Die deutschen Schäferhunde sind immer sehr anfällig.«

Abend. Mit Arturo auf der Plaza von Trinidad. Ein quadratischer Platz wie überall, gesäumt von flachen Beton- und Adobegebäuden. Aus den Billardsalons strömt schweres, mattes Licht, vermengt mit Joropo-Musik. Wir kaufen uns abwechselnd Bier der Marke Poker und gehen abwechselnd urinieren. »Ein sehr traditionelles Urinal«, sagt Arturo. Das viereckige Betonbecken befindet sich völlig offen direkt neben den Billardtischen; ein Eimer Wasser dient zum Händeerfrischen und Nachspülen.

»Willst du Billard spielen?«, frage ich. – »Ich spiele niemals Billard«, antwortet Arturo hitzig, »ich hasse dieses Spiel. Mit Billard hat alles angefangen.« – »Was meinst du?« – »Die Gewalt. Und die Angst.«

Die Neider, Geier, Intriganten, Killer können am anderen Ende jeder Queuespitze lauern. Das Erfolgsrezept des sehr guten Spielers – unterdrückte Selbstreflexion, kaltes Kalkül, die Fähigkeit, seinen Stoß »einfach so geschehen« zu lassen – findet auch Anwendung draußen in der Ebene, im Kampf mit Widersachern, beim Ausweiden des geschlachteten Viehs …

»Weißt du, wie es früher hier war? Ein Mann konnte sagen, ›He, ich mag den Klang nicht, den deine Kugel beim Rollen macht!‹, und ehe der Tag dräute, hattest du eine im Kopf, ich meine eine aus Blei! Kein Außenstehender ahnt, wer genau zu der charmanten Gemeinschaft der Paras dazugehört hat und wer nicht.«

Wir finden einen Mann, der uns in seinem *mototaxi*, seiner Mopedrikscha, zurückbringt nach Patoblanco, wo unsere Hängematten aufgespannt sind. Die Wege sind dunkel und voller Schlaglöcher. Auch im Gesicht des Fahrers klafft ein Loch – dort, wo einst die Nase war.

Sechs Uhr morgens erscheint Don Emilio im verchromten Geländewagen. Mit ihm Frau, Kinder, Freunde. Die stolze, agile Doña Carmen, Boutiquebesitzerin in Yopal, und ihre Mädchen helfen der indianischen Frau im Küchenhaus beim Frühstückmachen. Don Emilio, ein warmherziger, kultivierter Mann, schlürft mit uns *tinto*, schwarzen Kaffee, und erklärt mir seine Welt. Er hat einen pechschwarzen Schnurrbart und große, kohleschwarze, glänzende Augen, in die der Blick nicht einzudringen vermag, da sie wie von einer magischen, unsichtbaren Schutzschicht überzogen scheinen.

»Früher mussten die Gemeinden einen Großteil ihrer Haushaltsmittel den Paramilitärs zur Verfügung stellen, darum blieb die Entwicklung stehen. Die Straßen sind schlecht, ohne Geländewagen kein Durchkommen! Trotzdem habe ich es geschafft, für diese Gemeinde eine neue *manga de coleo*, eine Rodeostrecke, zu organisieren, außerdem einen beliebten Seniorenklub. Heute ist alles anders. Die Menschen haben erkannt, dass Einflüsse von außen Fortschritt bringen können.«

Don Emilios neunzehnjährige Tochter Aurora, die Jura in Bogotá studiert, gesellt sich zu uns und beginnt, als sie erfährt, dass ich Jurist bin, einen wissenschaftlichen Disput: »Señor, erlauben Sie mir die Frage: Halten Sie es eher mit Roxin oder mit Jakobs?«

Bevor unsere Diskussion hitziger wird, kommt das Frühstück: Zuerst erhält jeder einen großen Markknochen zum Ausschlürfen, es folgt ein Tablett mit Rinderleber. Anschließend gegrillte Hühner. Selbstgebackenes Brot, Maniok, frittierte Kochbananen, Süßspeisen, Orangen sowieso.

Don Emilio besteht darauf, mich durch seinen Grundbesitz zu führen. Die Pferde sind von seinen Leuten bereits gesattelt worden. Ich reite den *caballito castaño,* ein kastanienbraunes Pferdchen, das oft schon vorzügliche Dienste beim *coleo* geleistet haben soll, dem hiesigen Rodeo, bei welchem der *vaquero* sich im vollen Galopp aus dem Sattel beugt, den Schwanz des Bullen packt und zieht, bis das Tier zu Boden geht. Don Emilio hat mir einen seiner Hüte geliehen. Arturo, der aufgrund einer alten Beinverletzung nicht reiten kann, und die *vaqueros* blicken uns nach – Letztere ganz augenscheinlich, um meine Reitkünste fachmännisch würdigen und ausführlich diskutieren zu können.

In einiger Entfernung von dem umfriedeten Haupthaus erstreckt sich eine tote Flussschlinge, bewachsen von Moriche-Palmen. Don Emilio zeigt mir Kaimane, hier *babas* genannt, eine Familie *chigüiros,* Wasserschweine, die sich sofort ängstlich ins Wasser stürzt, außerdem Reiher aller erdenklicher Größen und Farbschattierungen: rot, schwarz, weiß, braun oder blaugrau – und schließlich, beim Durchreiten eines Sumpfes, in der Astgabel eine Baumschlange. Was wir kaum sehen, sind Rinder.

»Diese Finca ist dreihundert Hektar groß – eher klein also. Pro Hektar können zwei Kühe satt werden ... Heho, Vorsicht!« Mir ist der Hut weggeflogen, doch Don Emilio hat ihn gerade noch aufgefangen. Bevor das Farmhaus wieder in Sicht kommt, reicht er ihn mir: »Setz ihn unbedingt auf! Man sollte nie ohne Hut heimkehren – das bringt Unglück.«

Vor den Toren Trinidads. Auf der hohen weißen Reling, die die hundert Meter lange Kampfbahn der *manga de coleo* begrenzt, finden sich wie Vögel auf einer Stromleitung mehr und mehr Besucher ein. Der Mann, der für die *mamona* zuständig ist, stellt die Spieße, auf denen halbe Kälber gesteckt sind, palisadenartig im Kreis um das Lagerfeuer auf. Die *vaqueros* binden ihre Pferde an, plaudern. Die Schiedsrichter testen ihr Mikrofon. Ein indianisches Paar verkauft Poker-Bier.

Schon ab neun Uhr gehts los, in immer gleicher Abfolge, und bis zur Dämmerung: Die Falltür am Eingang zur *manga* wird hochgezogen, der Brahman-Bulle, erst irritiert, findet sich plötzlich auf der Kampfstrecke wieder und beginnt automatisch, an der Reling entlang zum anderen Ende zu stürmen. Es sind edle Tiere, grauweiß, mit Schulterhöcker und schönen, kohleschwarzen, glänzenden Augen …

Zwei Cowboys reiten diagonal hinter dem Bullen, einer wirft das Lasso, der andere springt ab, greift den sich aufbäumenden Stier am Schwanz und zieht daran, bis das Tier stürzt und sich ergibt. Die meisten Cowboys sind barfuß, um mehr Halt zu haben. Einer von ihnen – und er zählt zu den Favoriten – ist ziemlich dick …

Das Drama spielt sich zumeist im ersten Drittel der *manga* ab; einige Bullen schaffen es aber durchzukommen, weil der Lassowerfer versagt hat. Für einen zweiten Wurfversuch ist keine Zeit. Man hat den Rindern die Hörner abgeschliffen, um das Verletzungsrisiko zu minimieren. Ab und an passiert es, dass die ganz wilden Stiere seitlich zur Reling ausbrechen. Dann stieben die Besucher panisch auseinander. Nur Arturo, dessen Sicht durch die Kamera eingeschränkt ist, bleibt einmal beim Absprung an der Reling hängen und es erwischt ihn: sein Hosenbein wird dabei aufgeschlitzt, aber er entgeht gerade so der Wut des Bullen …

Manchmal auch wendet sich ein Stier direkt gegen seine Peiniger, und doch – am Ende liegen alle Bullen gedemütigt und entkräftet im Staub, ihr Bezwinger kniet dann auf seinem Opfer und hebt die Hand, der Schiedsrichter verteilt die

Punkte, das Lasso wird entfernt, der Stier denkt nicht mehr an Rache und rettet sich in das Gatter am gegenüberliegenden Ende der *manga*.

Einmal geschieht es, dass sich ein Bulle nicht mehr erhebt. Sein Herz ist einfach stehen geblieben. Man lacht, schneidet ihm die Kehle durch, schwarzes Blut sickert auf den Kampfgrund, ein Pferd zieht ihn von der Bahn, ein Pick-up lädt ihn auf …

Mittags eine Unterbrechung im Ablauf: Die Cowboys – unter ihnen auch Heiler Vargas Oropesa und der wilde Pauteño von gestern – zeigen ihr Können beim Lassowerfen auf Fohlen. Es folgen Mädchen und Jungen aus der *escuela de vaquería,* der berühmten Cowboyschule in Cumaral, die im Sturm um aufgestellte Benzinfässer jagen. Die jüngste Teilnehmerin ist sieben, ich sehe, wie ihr schwarzer Zopf unterm Hut auf und nieder schlägt.

Früh war der Kampfplatz taunass, nun, nachmittags, wirbeln Staubwolken. Arturo fürchtet um seine Linse. Der Moderator grüßt die Lokalprominenz, auch mein Name (obwohl nicht prominent) fällt. Ich muss mehrere Interviews geben; im ganzen Casanareland rauscht meine Stimme durch den Äther …

Abend. Der erste Winterregen. Der Mann, dem die Nase weggeschossen wurde, leuchtet die Schlammlachen ab und stochert darin herum, bevor er sich mit der Rikscha hineinwagt. Arturos alte Beinverletzung schmerzt.

In Patoblanco spannt ein junger *vaquero* seine Hängematte neben unseren auf. Er hat gerade seinen Wehrdienst im Dschungel des Vaupés beendet und unterrichtet nun an der Cowboyschule von Cumaral. Ich bringe ihm Deutsch bei, er findet die Worte obszön. Ich frage ihn, ob auch ich in der Schule aufgenommen werden könnte.

»Jeder ist willkommen«, sagt er. »Aber um gut zu sein, muss man so früh wie möglich anfangen, am besten schon mit fünf.« – »Warum?« – »Mit dem Alter wächst die Angst. Und Angst macht keinen guten Cowboy.«

Acht Uhr abends geht das Licht aus. Stille bis zum Horizont. Im Nichts wiehert ein Pferd, eine Fledermaus schnalzt, ein Hund schüttelt sich – all die Geräusche der Nacht, sie sind nadelspitz zu hören inmitten einer Welt, die, das empfinde ich klarer als sonst, jenseits meiner Hängemattenschlaufen in die Unendlichkeit ragt.

Eine Frau wehklagt im Schlaf; Arturo findet keinen.

Zweiter Tag der Vaquería. Don Emilio ist um sechs Uhr morgens eingetroffen! Er zeigt Arturo, mir sowie einem Mann aus Fusagasuga, der eine Baumschule betreibt und zum Wochenende mit seinem Vater aus den Bergen herabgekommen ist, sein zweites, zwanzig Kilometer entferntes Landgut, die fünfhundert Hektar umfassende Finca Los Laureles. Auch hier liegt das Haupthaus, von üppigem Garten umgeben, inmitten einer baumlosen Ebene: »Damit man sieht, wer kommt – und vor allem: in welcher Absicht«, erklärt Don Emilio.

Englischer Rasen, zwei Flamingos, ein Pfau, Schildkrötenteiche. Ein Angestellter serviert frisch zubereitete Limonade auf dem Tablett. An der Wand hängen Jaguarfelle. Und dort prangt eine ausgestopfte Tigertatze: »Gut für die Gattin«, sagt Don Emilio, »zum Massieren! Macht Gänsehaut!« Und er streicht demonstrativ den Mädchen mit der Tatze über die Rücken.

Dann nehmen wir an der langen Tafel im Korridor platz. Und Don Emilio erzählt, und seine Augen sind kohleschwarz und glänzend und wie von einer Schicht überzogen. Und die Angestellten bewirten uns. »Hier, auf dieser Finca, wurde ich geboren. Schon mein Vater, der während der *Violencia* in der Gegend Revolutionsgeneral war, wurde hier geboren. Denn Trinidad hat alte Tradition. Doch ebenso alt wie die Tradition ist der Kampf gegen die Banden, die in den Llanos marodieren. Man muss stark sein. Dies ist keine Gegend für Schwache. José Eustasio Rivera, der Autor von *La Vorágine (Der Strudel)*, unser Dichter, schrieb 1922 einige Kapitel genau hier. Dies ist der Boden, auf dem die Geschichte spielt, die wie keine zweite unser Llanero-Lebensgefühl beschreibt.«

Und der Mann aus Fusagasuga lächelt, fotografiert mit seinem iPhone Don Emilio und spricht: »Mit dem ungestümen Arturo, dem Helden des Romans, sind wir Kolumbianer schon alle nach Casanare gereist – in Gedanken zumindest, denn körperlich war kaum einer von uns je in dieser unbekannten Welt.«

»Es heißt, Rivera habe unten in Orocué an dem Buch gearbeitet«, ergänzt Don Emilio, »doch das ist ein Missverständnis, denn früher wurde das Gebiet um Trinidad von Orocué aus verwaltet.«

Er schenkt Arturo ein blaues Kätzchen für dessen Tochter, dann brechen wir auf.

Der Mann aus Fusagasuga möchte uns seinem alten Vater vorstellen, der heute morgen aufgrund eines Schwächeanfalls im Paraíso Tropical, einer luxuriösen Bungalowanlage – der ersten von Trinidad und ganz Casanare –, zurückgeblieben ist. Der alte Herr, makelloser Anzug und pomadisierte Haare, ist kreidebleich und geht am Stock. Er lädt uns alle zum Drink am Pool ein.

Es ist ein schöner, großer Pool, umgeben von Blumen und Palmen, doch seine Wasser sind unbewegt und völlig menschenleer.

Sicherheit in Bogotá

Leoluca Orlando

Die 77. Straße mit ihrer Ladung Toter liegt hinter uns. Geschwärzter Beton, der an die vielen Ermordeten erinnert, die zuvor noch einen vergnüglichen Abend verbracht hatten.

Dieses von Bomben entkernte Gebäude, um das herum das Leben in seiner ganz normalen Weise fließt, ist die Parabel von Bogotá 2003, das Bogotá des Alkalden Mayor Antanas Mockus: eines genialen Menschen, eines Politikers, der eine Alternative zur traditionellen kolumbianischen Nomenklatur darstellt, ein orthodoxer Umstürzler, der über kleine Kinder redet, über das Leben, über die Freude und über das Lächeln.

»*La vida es sagrada*«, lautet sein Imperativ, das Leben ist heilig.

Achtundzwanzig Morde im Jahr pro einhunderttausend Einwohner. Das ist ein großartiges Ergebnis.

Heute feiert Bogotá diese Durchschnittszahl an Morden als Erfolg. Diese Zahl entspricht der, die Palermo vor fünfzehn Jahren zu einer Stadt der Schande gemacht hat. Trotzdem, für Bogotá ist das ein großer Schritt nach vorne. Wenn Palermo heute einen Mord pro einhunderttausend Einwohner zu beklagen hat, ist die Stadt damit eindeutig in einer besseren Lage als der europäische Durchschnitt.

Zwei Städte, gebeugt unter der Gewalt, zwei Städte auf dem Weg. Gemeinsam.

Und Antanas Mockus und ich messen uns mit makabren Statistiken.

Ein Pendel zwischen Leben und Tod, zwischen Freude und Schmerz, zwischen Hoffnung und Verzweiflung kommt mir wieder ganz nahe.

Und Bogotá wird für mich zu einer Stadt, die ich mit jedem Besuch immer mehr zu lieben lerne. Ich liebe das zivilisierte Verhalten, die Würde, den Wunsch nach Effizienz, die Fähigkeit zur Modernisierung, den Respekt der Bogotaner voreinander. Nicht verstehe ich (oder verstehe ich es nur zu gut?) die Hinnahme von Gewalt, von Terrorismus, von Kidnapping, so als würde es sich um Naturkatastrophen handeln.

Das Leben geht ganz normal weiter, so als wäre das Verschwinden von Hunderten kleiner Kinder einem Erdbeben vergleichbar, als wäre die nicht enden wollende Verschleppung von Menschen wie der Ausbruch eines Vulkans und die Bomben in der 77. Straße ein Regenschauer, gewaltig zwar, aber doch nur ein Regenschauer, der so schnell abzieht, wie er kommt.

Doch um eine solche Katastrophe zu verhindern, stehen überall Soldaten in Kriegsanzügen: vor den Hotels, vor den Restaurants.

Und hin und wieder ist eine Straße *cerrada,* gesperrt.

»Warum?«, frage ich meinen Chauffeur.

»Sicherheit«, ist seine Antwort.

Und hin und wieder wird man angehalten, und jemand verlangt die Ausweispapiere.

»Warum?« ist meine Frage.

»Sicherheit« ist die Antwort.

Ein Abendessen zu Ehren der zwanzig Sachverständigen für Sicherheit aus Nord-, Mittel- und Südamerika und mich aus Europa. Ein Abendessen im Amtssitz des Alkalden Mayor. Wir werden vom Stadtrat für Sicherheit begleitet, ja, dem Verantwortlichen selbst für die öffentliche Sicherheit in Bogotá.

Wir kommen mit den von der Alkaldia zur Verfügung gestellten Fahrzeugen an ein riesiges Eisentor, das mit einer sehr hohen Mauer jeden Zugang, auch jeden visuellen Zugang zum Amtssitz verhindert.

Der Chauffeur blendet ein paar Mal die Scheinwerfer auf und gibt sich so den in einem Stahlbetontürmchen verschlossenen Soldaten zu erkennen, von denen man lediglich lauernde Blicke durch unglaublich dicke Eisenplatten und komplizierte Spiegelsysteme erhascht.

Das Tor geht nicht auf.

Wieder blinkt der Chauffeur.

Nichts.

Der Stadtrat für Sicherheitsfragen verliert keineswegs die Geduld, er steigt aus dem Repräsentationsauto, steckt seinen Personalausweis durch das Eisengitter.

Das Tor bleibt zu.

Der Stadtrat zeigt keines der Verhalten, das andere an seiner Stelle hätten, angesichts der Weigerung eines Untergebenen, das Tor zu öffnen, um in die Alkaldia, seinen Arbeitsplatz, zu gelangen.

Der Stadtverordnete telefoniert.

Mit dem Alkalden?

Die Sicherheit fällt in die Kompetenz des Bürgermeisters und seines Stadtrats. Wenn der Stadtrat nichts tun kann, kann sein oberster Dienstherr ja vielleicht etwas tun.

Nach ungefähr zehn Minuten des Wartens öffnet sich das Tor, und dahinter empfängt uns der Amtssitz des Alkalden, der Salon, in dem Antanas Mockus zu einem schlichten, eleganten, heiter gestimmten Abendessen einlädt. Und dennoch sind wir hinter einer Umfassungsmauer, hinter einem Eisentor, das nur sehr schwer zu öffnen ist.

»Ausweis, bitte.«

Am Haupteingang zur Universidad de los Andes, genau unterhalb des Berges, der die Madonna von Monserrat beherbergt, befindet sich eine Patrouille am Eingang zum Campus.

Ich öffne die Brieftasche.

Und ich kann der Versuchung nicht widerstehen. Ich zeige meine deutsche BahnCard First 7081-4100-9725-5424.

»Bitte, treten Sie ein«, sagt der Chef der Patrouille.

Ich streife über den Campus. Begleitet werde ich von der freundlichen Direktorin des Instituts für Wirtschaftswissenschaften. Nach mehr als einer Stunde, in der ich die Naturschönheiten des Parks und die Effizienz der Strukturen kennengelernt habe, begleitet mich die Professorin zu dem Platz vor dem Haupteingang, wo der Chauffeur auf mich wartet. Wieder gehen wir an der Patrouille vorbei.

Die Professorin ist in großer Verlegenheit: sie hat ihr Ausweisdokument in ihrem Büro liegengelassen und fürchtet, dass sie nicht mehr zurückkann, wenn sie mich hinausbegleitet bis zum Auto.

Der Chef der Patrouille, der die Professorin ständig hineingehen und herauskommen sieht, ist unerbittlich. Ohne Ausweis kann die Professorin nicht wieder hinein.

Aber ich bin auf den Geschmack gekommen.

Nach unserer Verabschiedung begleite ich sie wieder zum Eingang zurück und zeige meine BahnCard First 7081-4100-9725-5424 vor.

»Bitte, treten Sie ein«, sagt der Chef der Patrouille wieder, diesmal aber an die Professorin gerichtet.

Ist das die Macht der BahnCard, oder sind es Widersprüche im Sicherheitssystem?

Die BahnCard hat mir nicht nur geholfen, unüberwindbare Sicherheitshürden zu überwinden, sie hat mich auch Bogotá verstehen lassen, eine Stadt, bei der ich entdeckt habe, dass ich sie liebe, eben weil sie ein Pendel zwischen Leben und Tod, zwischen Freude und Schmerz, zwischen Normalität und Wahnsinn, zwischen Sicherheit und Unsicherheit ist.

Das Viertel

Alonso Salazar

»Es ist jetzt so schwer, einen Freund aufzureißen; es gibt so wenig Männer«, erklärt ein junges Mädchen, während es ihre Lockenwickler im Haar ausrollt. Das Viertel erstreckt sich den Berghang hinauf, wobei es dem willkürlichen Lauf einer alten Straße folgt. Vor dreißig Jahren noch hätte niemand gedacht, dass man an diesen Hängen Häuser aufstellen würde. Jetzt ist alles bis auf den letzten Winkel verbaut. Die alten Hütten aus Holz und Karton wurden durch Häuser aus Lehmziegel und Zement ersetzt, die sich wie Spinnen an den Berghang krallen.

Die wenigen Straßen sind asphaltiert. Die Wege, die sich früher über den Hang hinzogen, wurden als betonierte Stiegen ausgebaut. Enge Gassen enden unvermittelt. Für den Neuankömmling stellt sich das Viertel als unlösbares Labyrinth dar.

In allen Winkeln lärmen Kinder. Mit einem Holzstecken spielen sie Maschinengewehr. Wirklichkeitsgetreu werden ihre Hände von der Entladung der MG-Salven geschüttelt, während ihre jungen Stimmen das Ta-ta-ta der Feuerstöße imitieren. Sie besteigen ihre auf Rädern montierten Holzkisten und selbstgebastelten Roller und fahren damit die Straßen hinunter. In einer Ecke spielen ein paar kleine Mädchen *ma-*

macita, Mütterlein. In ein paar Blechdosen bereiten sie das Essen zu. Jemand klopft an eine imaginäre Tür, tam-tam-tam. Es ist Rosita, die Nachbarin.

»Wo ist dein Mann?«, fragt die Eintretende.

»Er hat mich verlassen, ist mit einer anderen abgehauen«, antwortet die kleine Hausfrau.

Die Jungen schlendern herum und stellen stolz ihre weiten Hemden in knallig bunten Farben zur Schau: rot, orange, grün, gelb. An der Brust und an den Fußgelenken hängen Amulette. Sie bevorzugen Reebok- und Nike-Tennisschuhe. Die jungen Mädchen tragen enganliegende Hosen und ärmellose Blusen. Die Hüften liegen frei. Sie gehen mit einem aufreizenden, wiegenden Gang, lachen ruhig und unbekümmert.

Obwohl die meisten Geschäfte mit Eisengittern geschützt sind, bietet das ganze Bild den Anschein von Frieden. Die Wirklichkeit bleibt den Augen des vorübergehenden Passanten verborgen, alles strahlt Ruhe aus. In der Straße werden auf kleinen Öfen Mahlzeiten gegrillt und verkauft. Aus den Eisdielen klingt Musik: Rancheras, Tangos, Vallenatos. fleißige Frauenhände nehmen auf den Terrassen und Balkonen die trockene Wäsche ab, gießen die Blumen, kehren die Straßen und Gehsteige, »damit Armut nicht mit Schmutz verwechselt wird«.

Gegen sechs Uhr nachmittags kommen die ersten Meister der Überlebenskunst zurück. Frauen, die bei irgendeinem Reichen als Hausmädchen arbeiten oder in Textilfabriken, Bauarbeiter, Straßenhändler. In vollgestopften Bussen kommen sie aus dem Stadtzentrum herauf. Und zur selben Zeit brechen die Arbeiter der Nacht zu ihrem Weg in die Stadt hinunter auf: die Verkäuferinnen der Liebe, die Barmädchen, die Nachtwächter.

Vom Alter gezeichnete Gesichter blicken durch die Fenster. Gesichter von Bauern, die das Viertel allen Widerständen zum Trotz gegründet haben. Ihrer Meinung nach hat sich seither viel geändert. Früher war es viel ruhiger. In den letzten Jahren hat der Krieg jeden Winkel des Viertels heimgesucht. Ein Krieg der Jungen, die fast noch Kinder sind. Ein Bandenkrieg, der in diesen Jahren so viele Opfer gekostet hat, dass niemand mehr die genaue Anzahl der Toten weiß.

Ein Krieg, der einen anderen Krieg auf den Plan gerufen hat. Den Krieg von Bewohnern, die der vielen Unsicherheit überdrüssig geworden sind und die beschlossen haben, ihren Wohnraum von den Banden zu »reinigen«. Vor zwei Jahren haben Don Rafael, ein alter *campesino*, der in seinem Leben nichts als Krieg und Gewalttätigkeit kennengelernt hat, und Ángel, ein fünfundzwanzigjähriger junger Mann mit Robin-Hood-Mentalität, die Verteidigung ihres Viertels aufgenommen. Sie haben die Nachbarn zusammengerufen, einige »Eisen« aufgetrieben und ein Quotensystem eingeführt. Dann ging es los. Die Zahl der Toten stieg: an jeder Straßenecke drei, vier, fünf... Durch Kugeln der Banden oder der Gesetzeshüter oder der Selbstschutzgruppen oder ...

Don Rafael lebt in einer Sackgasse, zwei Straßenzüge unter der Hauptstraße. In seinem Haus führt er ein kleines Lebensmittelgeschäft; die Kunden werden durch das Fenster bedient. An den Wänden Firmenwerbung und die unvermeidlichen Warnsprüche: »Heute stunde ich nicht, erst morgen«, und »Ich gebe nur Kunden über achtzig Jahren Kredit, die mit ihrem Großvater herkommen«. Das Haus ist mit kitschigen Bildern und Nippsachen ausgeschmückt. Im kleinen Wohnzimmer ein Landschaftsbild von irgendeiner fernen Gegend, mit Schwänen, einer vornehmen Villa und großen Räumen; überstrahlt von einem grellen Sonnenuntergang. Die Tische sind mit Wolldecken verziert, die seine Frau nach einem

Großmuttermuster gestickt hat. In Kunststoffvasen stecken Plastikblumen.

»Ich dachte, ich wäre schon am Ende, doch ich werde immer noch gebraucht«, erklärt Don Rafael langsam in seiner markanten Art zu reden. Sein Gesicht und die Hände lassen sofort den Campesino erkennen. Er ist halb ergraut. Die Füße stecken in Plastikschlappen. In seinen Händen hält er ein Buch von Vargas Vila, *Aura oder die Veilchen*. Vargas Vila war immer schon sein Lieblingsautor, meint Don Rafael.

»Wenn Sie etwas über Gewalt hören wollen, dann erzähle ich Ihnen mein Leben oder das von irgendeinem Nachbarn. Wir haben praktisch immer im Krieg gelebt, mit nur wenigen friedlichen Intervallen. Die Geschichte von jedem Einzelnen von uns ist ein eigener Roman.« Und in ernsthaftem Ton, ab und zu von einem spontanen Lachanfall unterbrochen, beginnt Don Rafael mir die Geschichte seines Lebens zu erzählen. Dabei zündet er sich eine Zigarette nach der anderen an.

Vor zwei Jahren, als wir beschlossen, hier im Viertel eine Bürgerwehr aufzustellen, ging ich zum Priester und berichtete ihm von den Zuständen bei uns. Er wusste schon, wie es hier zugeht und was wir alle zu erleiden haben.

»Padre, Sie wissen, dass wir schon oft mit den Behörden gesprochen haben, aber das hat überhaupt nichts genützt. Diese Burschen werden noch mit uns allen aufräumen, wenn wir uns nicht selbst verteidigen.«

»Don Rafael, ich bin Priester und predige den Frieden. Doch wenn ich angegriffen werde, so muss ich mich verteidigen. Alle Menschen haben das Recht, sich zu verteidigen«, antwortete er mir. Damit zeigte er deutlich, dass er meine Idee akzeptierte.

Ich wollte gern die Meinung des Geistlichen wissen, denn auch wenn man kein Heiliger ist, so ist man doch ein gläubiger

Mensch. Mein ganzes Leben lang war ich immer ein Katholik und ein Arbeiter. Ich war in vielen Winkeln dieses Landes, habe Wege in den dichten Dschungel geschlagen, habe als Verwalter auf einer Finca gearbeitet, als Maultiertreiber, in einem Sägewerk, als Krämer, als Verkäufer. Alles Mögliche habe ich unternommen. Mein Leben war immer ein Leben auf der Suche nach einer besseren Existenz. Und ich musste viel ertragen, verdammt viel. Immer hinter dem Geld her, das vor mir flieht, wie eine schöne Frau. Doch letztlich bin ich stolz auf dieses Leben, denn ich habe mit ehrlicher Arbeit meine acht Kinder großgezogen.

Allerdings ist mir diese verfluchte *Violencia* nicht von der Seite gewichen. Sie hat mich überall gesucht – verlässlicher als eine hässliche Freundin! Schon als junger Mann musste ich mit ihr leben. Ich bin in Argelia vor achtundfünfzig Jahren geboren. In unserer Familie gehörte die Armut zum Erbgut. Mit zweiundzwanzig Jahren heiratete ich und begann herumzuziehen.

Zuerst war es die politische *Violencia,* die ich in Norcasia im Department Caldas erleben musste. Da waren die Liberalen, die haben die Familien der Konservativen umgebracht, und die Konservativen, die haben die Familien der Liberalen umgebracht. Und das Militär hat sowohl die einen als auch die anderen umgelegt. In dieser Zeit konnte man nicht einmal normal die Wege benutzen – es gab so viele, die einen ins Jenseits befördern wollten! Wir mussten uns vor aller Welt verstecken und uns durch das Gestrüpp schleichen.

Ich erinnere mich, wie ich eines Tages zu einer Brücke über den Manso-Fluss kam. Ich wollte gerade von Norcasia nach La Dorada runter. Ich ging sehr vorsichtig. Man musste immer höllisch aufpassen, wenn man Geräusche hörte oder Stimmen. Bevor ich zur Brücke kam, versteckte ich mich in einem Bambusdickicht am Rande des Weges und sah mich um. Da erblickte ich auf der Brücke das Militär mit dreißig Festgenommenen. Und ich sah auch einen gewissen Herrn Gonzalo Arredondo, der in dieser Gegend wohnte, wie er gerade seine Machete schliff. Dann nahmen sie einen der Festgenommenen und legten seinen Kopf auf das Brückengeländer. Und dieser Herr Gonzalo schlug ihm schön säuberlich den Kopf ab. So gings weiter, einer nach dem anderen. Zuerst flog der Kopf in den Fluss und dann warfen sie den Körper nach. Ab und zu hielt Don Gonzalo ein, um die Machete zu schleifen Ich sah, wie die Köpfe reihenweise hinunterfielen und dann die Körper. Das Blut floss in Strömen von der Brücke, und mir krampfte sich das Herz zusammen. Den Kopf abschlagen heißt, dem Körper die Seele rauben. Im Kopf hat man den Verstand, die Liebe, die Augen. Der Kopf, das ist man selbst. Das andere ist wichtig, doch man kann auch leben, wenn einem eine Hand fehlt oder ein Fuß. Aber ohne Kopf nicht. Sich rächen heißt deshalb für viele, dem anderen den Kopf abschlagen. Ich habe von einem gewissen General Maza gelesen, aus der Zeit der Unabhängigkeitskriege. Er wartete am Ufer des Magdalena-Flusses auf die Spanier, die in wilder Flucht dahergelaufen kamen, schlug ihnen die Köpfe ab und warf sie in den Fluss.

Don Gonzalo war als Holzfäller beschäftigt. Er war ein guter Kerl und ein guter Arbeiter. Doch wie so viele Leute in dieser Zeit wurde auch er zu einem herzlosen Menschen. Schuld daran war die *Violencia.* Eines Tages ging er schon früh in den Wald zum Holzschlagen. Als die Schwester nicht kam, die ihm sonst immer das Frühstück brachte, ging er nach Hause, um nachzuschauen. Als er dort ankam, sah er eine Szene wie im Jüngsten Gericht: Der Vater und die Mutter lagen tot im Gang. Die Schwester an einem Pfahl festgebunden, ebenfalls tot. Sie war brutal vergewaltigt worden. In einer Holzkiste fand er seinen kleinen Bruder, halbtot vor Schreck, der erzählte ihm, was vorgefallen war. Nun war Gonzalo allein auf der Welt. Es blieb ihm nur mehr die Rache. Seit diesem Tag arbeitete er mit dem Militär zusammen, um die Feinde zu verfolgen. Immer wenn es darum ging, jemanden zu töten, bat er, es selbst machen zu können, um sein Blut zu rächen. Er streifte in der ganzen Gegend von Dorada bis Puerto Berrío herum, um Banditen zu suchen. Man erzählt, dass er eines Tages allein aufbrach, um den größten Schlächter der ganzen Region zu suchen, den man *Gorra Negra* nannte, Schwarzmütze. Auf seinen Kopf war eine Belohnung ausgeschrieben. Er verfolgte seine Spuren von Puerto Berrío ins Gebirge hinein. Don Gonzalo war bekannt dafür, dass er wie eine Katze durchs Gelände schlich. Man sagte sogar, er hätte mit dem Teufel einen Pakt geschlossen. Eines Tages sah er die Bande am Fuß eines Wasserfalls, tief drinnen im Gebirge. Schwarzmütze lehnte an einem Baum, die anderen badeten sorglos. Gonzalo schlich ganz leise heran und versteckte sich hinter dem Baum. Als er ihn ganz nah vor sich hatte, schlug er ihm mit einem Streich den Kopf ab. Blitzschnell, in einem Atemzug, ohne dass die anderen reagieren konnten, packte er den Kopf und rannte davon. Nach vier Tagen kam er mit dem bereits stinkenden Kopf nach Berrío. Er forderte die Belohnung und besoff sich eine Woche lang. Dann zog er weiter auf der Suche nach mehr Köpfen. Das war das Leben von Gonzalo Arredondo, seit seine Familie ermordet wurde: Köpfe abschlagen, immer mehr Köpfe.

Es war eine Zeit der Gewalttätigkeit und der Kobolde. Es gab Leute mit geheimnisvollem Wissen, die konnten sich in Tiere verwandeln, um vor den Feinden zu flüchten. Nicht einmal die gesegneten Kugeln konnten in ihre Körper eindringen. Ich kannte einen Herrn Eliseo, der wusste solche Zaubereien. Er segnete mich mit seinen Sprüchen, um mich zu beschützen. Doch da die Lage dort so schlimm wurde, wollte ich lieber nicht bleiben und warten, ob sein Zauber funktioniert. Obwohl ich glaube schon, dass er mir genützt hat, denn in diesem Leben konnte ich viele Gefahren heil überstehen. Ich zog mit meiner Familie hinter meinem Alten nach. Wir kamen nach Cocorná, hier in Antioquia. Ich kaufte mir ein Stück Land, oder besser gesagt ein Stück Urwald weit ab vom Schuss. Ein Tag reichte nicht aus, um vom Dorf aus meinen Flecken Boden zu erreichen. Ich blieb eine Zeitlang dort, doch alles war so mühselig. Am selben Tag, als mein fünf Monate alter Sohn starb – ich glaube fest, dass ihn dieser verflixte Urwald umgebracht hat – am selben Tag noch packten wir unsere wenigen Fetzen zusammen und zogen los. Wir hatten keine Ahnung, wohin es uns verschlagen würde.

Ich gelangte nach Medellín. Ein Landsmann half mir und ich begann, bei der staatlichen Wohnbauförderungsgesellschaft zu arbeiten. Das war das erste Mal, dass ich hier in diesem Viertel lebte. Es wurden gerade die ersten Häuser gebaut. Das war eine harte Arbeit, diese Hänge bewohnbar zu machen. Die Leute organisierten sich im Rahmen der Pfarre und unseres Nachbarschaftskomitees. Das war eine gute Zeit, es gab noch nicht diese Schlechtigkeit von heute. Wir arbeiteten alle zusammen.

Mit derselben Gesellschaft, bei der ich arbeitete, begann ich dann einen Job in Chigorodó in Urabá. Die Umgebung gefiel mir und das Geld stimmte auch, und so blieb ich. Nach einem Monat ließ ich meine Familie nachkommen. Mein Geschäft bestand darin, ein Grundstück zu kaufen, ein Haus zu bauen und es dann wieder zu verkaufen. So konnte ich mir einiges Geld auf die Kante legen. Ich hatte damals schon acht Kinder.

Da ich mit der Arbeit einige Probleme hatte, zog ich wieder aufs Land Ich kaufte mir ein Grundstück, das immer noch mir gehört. Von Apartadó landeinwärts, dort wo die Ebene ins Hügelland übergeht. Mit meinen größeren Kindern richteten wir es wie ein Schmuckstück her. Wir pflanzten Kakao, Bananen und Mais und legten uns auch ein paar Kühe zu. Es ist ein sehr dankbares Land. Man muss hart anpacken, aber in der Erntezeit kommt dann die Belohnung. Es ist eine Freude zu sehen, was dieser Boden alles hergibt.

Doch auch dieses Gebiet wurde zur heißen Zone. In Urabá hat man ja immer schon viele Menschen umgebracht, doch in den letzten Jahren wurde es noch schlimmer. Ich hörte und sah so grausame Dinge wie in den Zeiten der alten *Violencia.* Als ich einmal krank war, ging ich nach Apartadó ins Spital. Ich wartete etwa zwei Stunden, bis ich an der Reihe war. Und gerade als ich drangekommen wäre, sagt die Frau Doktor, sie könne mich nicht behandeln, es habe ein Massaker gegeben und sie müßte die Verletzten behandeln. Sie bat einige Männer im Wartesaal, ihr zu helfen, denn es gäbe sehr viele Verletzte. Ich schloss mich der Hilfsaktion an, ohne auch nur zu ahnen, wie grausam das sein würde, was wir dann gesehen haben. Wir fuhren über die Straße Richtung Turbo. Im Gebiet von Currulao bogen wir in die Bananenplantagen ab und kamen zu einer Stelle namens Punta Coquitos. Schon von weitem sahen wir einen großen Menschenauflauf. Und als wir dann näherkamen, sahen wir eine grausige Schlächterei, mehr als dreißig von Kugeln zerfetzte Leichen.

Alle Familienangehörigen standen um die Toten herum. Das war ein furchtbarer Anblick. Die Aasgeier zogen schon ihre Kreise. Die vom Militär und von der Polizei stellten Fragen: um wie viel Uhr kamen sie, wie viele waren es, haben sie sich zu erkennen gegeben…? Bis ein Mädchen wütend aufschrie:

»Ihr braucht doch gar nichts fragen, ihr wisst ja ohnehin alles!« rief sie den Uniformierten zu, ohne sie anzublicken, und umarmte weiter schluchzend ihren toten Angehörigen.

Einige Tage später gab es ein weiteres Massaker, bei den Höfen La Honduras und La Negra. Dort haben sie einen ganzen Haufen Leute umgebracht. Ich selbst war nicht dort, doch ich habe in den Nachrichten gehört, dass es vierzig Tote waren. Überall hieß es, dass die paramilitärischen Banden aus Puerto Boyacá die Täter waren.

In Urabá werden viele Menschen getötet. Einmal ist es die Guerilla, dann wieder das Heer oder die Paramilitärs. Ich erinnere mich, wie eines Nachts eine Bande auf die Finca El Osito kam und schrie: »Es leben die FARC! Nieder mit dem Militär!« Da die Guerilla von dieser Aktion wusste, hatte sie schon gewartet. Es kam zu einem wilden Feuergefecht mit vielen Toten.

Und wieder mussten wir einen Bombenangriff erleben. In Apartadó fand eine politische Veranstaltung statt. Alle Campesinos kamen von ihren Höfen und Weilern herunter. Unterwegs wartete eine Guerillaeinheit. Sie organisierten ein Treffen mit den Bauern. Auch ich gesellte mich mit meinen zwei Söhnen dazu, um ihnen zuzuhören. Das war in einer Bananenplantage. Wir waren insgesamt etwa hundert *campesinos.* Plötzlich kam einer dahergelaufen und schrie:

»Auf der Straße kommt das Militär!«

Die Guerilleros bezogen unverzüglich Position und verschanzten sich in den Bewässerungsfurchen, als wären es Schützengräben. Sie ordneten an, dass wir uns auflösen sollten. Nach wenigen Minuten begann die Knallerei. Wir eilten im Schutz der Bananenstauden davon, da hörten wir plötzlich über uns Hubschrauber und gleich darauf die ersten Explosionen. Wir liefen in Panik davon. Da die Bananenblätter mit Nylon festgebunden werden, damit sie nicht abfallen, gingen wir Männer vor und schnitten mit unseren Macheten die Schnüre durch. Hinter uns die Frauen und Kinder. Ich dachte, es würde ein wildes Massaker geben, doch wie durch ein Wunder starb niemand von uns. Die Guerilla und das Militär hatten wohl einige Tote zu beklagen.

Nach einem Kampf kommt immer das Militär, durchsucht die Häuser und stellt Fragen. Eines Nachmittags saßen wir gerade im Hausflur und genossen die frische Brise und plauderten. Etwa gegen sechs Uhr tauchten von allen Seiten Soldaten auf Sie traten ein und durchsuchten alles bis in den letzten Winkel.

»Ihr arbeitet mit der Guerilla zusammen, mit diesen Banditen«, beschuldigte mich der Kommandant der Patrouille.

»Nein, mein Herr. Uns geht es hier wie einem Maultier mit zwei Zügeln: die einen ziehen hierhin und die anderen dorthin, und wir müssen dann die Folgen tragen«, antwortete ich ihm mit meiner sanftesten Stimme, damit er sich ja nicht aufregte.

Das ist schließlich die Wahrheit. Wenn die Guerilla kommt und von dir etwas verlangt, musst du es tun. Und wenn das Militär kommt, muss man sich dann blöd stellen.

Natürlich hatten wir mit den Jungs von der Guerilla nie ein Problem. Sie sind sehr respektvoll. Bei uns zogen viele vorbei. Sie plaudern mit den Leuten und organisieren sie. Einmal bildeten wir eine Selbstverteidigungsgruppe. Es wurde viel gestohlen, die Diebe drangen sogar in die Häuser ein und nahmen das Vieh mit. Dann hat die Guerilla so eine Selbstschutzgruppe ins Leben gerufen, um das Gebiet von den Dieben zu reinigen. Denn Drogen und Kriminalität werden von der Guerilla nicht toleriert. Das funktionierte einige Zeit ganz gut, nicht einmal eine Stecknadel wurde gestohlen. Man konnte sogar die Finca allein lassen und nichts passierte. Doch dann degenerierte die ganze Geschichte. Die Mitglieder der Selbstverteidigung nahmen sich immer mehr Freiheiten heraus und begannen, die Leute zu belästigen. Sie glaubten, weil sie bewaffnet waren und den Schutz der Guerilla besaßen, seien sie etwas Besonderes. Sie besoffen sich und wollten, dass sich alle vor ihnen verbeugen. Einer von ihnen drang eines Nachts in das Haus eines Nachbarn von mir ein, verletzte einen Jungen und tötete den Vater, weil dieser verhindern wollte, dass er die Tochter vergewaltige. Die Lage spitzte sich immer mehr zu. Als die Jungs von der Guerilla sahen, wie schlimm es geworden war, bildeten sie eine Kommission, um die Typen von der Selbstverteidigung zur Verantwortung zu ziehen. Sie richteten sechs von ihnen hin. Dann entschieden sie, den Schutz der Leute selbst zu übernehmen, und so hat es besser funktioniert.

Ich musste von Urabá wegziehen, weil ich eine Krankheit bekommen hatte, eine Art Krebs. Am ganzen Körper bildeten sich Tumore. Ich bin schon mehrmals operiert worden. Nun fühle ich mich besser, doch ich kann nicht mehr auf der Finca arbeiten. Es hat mir sehr weh getan, Urabá zu verlassen, denn ich verdanke diesem Boden sehr viel.

Vor zwei Jahren bin ich dann in dieses Viertel zurückgekehrt. Ich habe diesen kleinen Laden aufgemacht, um mir meinen Unterhalt zu verdienen. Ab und zu besuche ich meine Finca in Urabá. Meine Kinder sind schon alle verheiratet, ich muss mich nicht mehr um sie kümmern.

Als ich 1988 hierher ins Viertel zurückkehrte, sah ich mich mit dem Problem der Banden konfrontiert. Jungen, die man schon von klein auf kannte, waren plötzlich schlimme Gewaltverbrecher und Mörder geworden. Manchmal hieß es, man müßte sich organisieren und eine Selbstverteidigung aufbauen, doch niemand nahm die Sache in Angriff. Eines Tages war ich in meinem Geschäft, als eine dieser Banden mit Revolvern und Gewehren auftauchte. Sie drangen in meine Wohnung ein und nahmen sich Geld, einen Fernseher und eine Musikanlage mit. Völlig unbekümmert und frech verließen sie mein Haus wieder und drohten mir noch abschließend, dass ich ja nicht die Polizei verständigen solle.

»Wenn du uns anzeigst, legen wir dich um, Alter!« sagten sie zu mir.

An diesem Tag, an dem ich mich so erniedrigt fühlte, beschloss ich zu handeln. Ich holte Ángel, einen Burschen aus der Nachbarschaft, und besprach mit ihm die Angelegenheit.

»Gibt es denn hier keine Männer mehr?«, fragte ich ihn.

Ángel nahm meine Anregung auf, und noch am selben Tag erledigten wir den ersten Kerl. Seit damals hat es viele Tote gegeben. Diese Banden waren sehr stark und der Kampf war hart, doch wir haben Einiges erreicht. Nun ist die Lage wesentlich ruhiger.

Trotz der vielen Toten fühle ich mein Gewissen nicht belastet. Ich kann niemandem ohne Grund etwas zuleide tun. Doch wir mussten uns verteidigen. Ob ich gläubig bin? Aber natürlich! Meine Familie war immer sehr katholisch, drei Onkel von mir sind Geistliche. ich glaube an Gott und die Allerheiligste Jungfrau. Die Heilige Schrift verbietet das Töten, ich weiß, dass man keine Christen töten soll. Doch hier töten wir keine Christen, sondern Tiere. Denn ein Mensch mit Verstand wird doch nicht einen Arbeiter umbringen, um ihm seinen Lohn zu rauben – und die ganze Familie muss dann Hunger leiden. Nicht einmal die Tiere verhalten sich so bösartig. Als gläubige Christen verteidigen wir uns, und obwohl so viel Blut vergossen wurde, habe ich nie Gewissensbisse empfunden. Nun kann ich wenigstens ruhig schlafen.

Brief an meine Mutter

Íngrid Betancourt

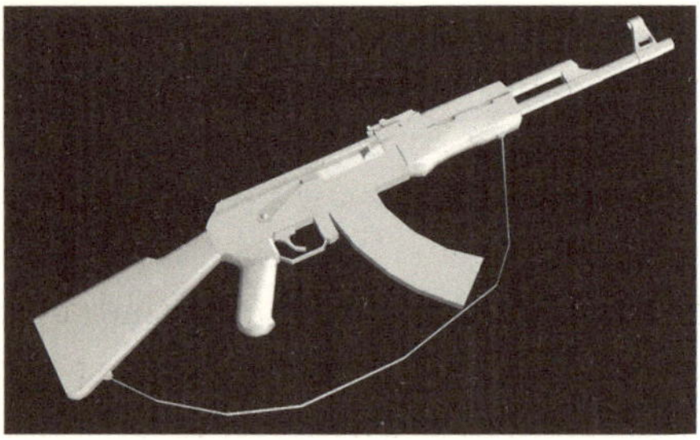

Dschungel in
Kolumbien;
Mittwoch, den
24. Oktober 2007,
8 Uhr 34,
an einem Morgen,
so trübe wie meine
Seele

Meine über alles geliebte Maman,
jeden Tag stehe ich auf und danke Gott dafür, dass ich Dich habe. Jeden Tag schlage ich um vier Uhr die Augen auf und mache mich fertig, damit ich richtig wach bin, wenn ich die Nachrichten der Sendung *La Carrilera de las Cinco* höre. Deine Stimme zu hören, Deine Liebe, Deine Zärtlichkeit, Dein Vertrauen und Dein Engagement zu fühlen, mich nicht allein zu lassen, das ist meine tägliche Hoffnung. Jeden Tag bitte ich Gott, Dich zu segnen, Dich zu schützen und mir dazu zu verhelfen, Dir eines Tages alles zurückgeben, Dich wie eine Königin behandeln zu können, an meiner Seite, denn ich ertrage den Gedanken nicht, erneut von Dir getrennt zu werden.

Der Dschungel hier ist sehr dicht, kaum ein Sonnenstrahl dringt hindurch. Aber es ist eine Oase der Zuneigung, der Solidarität, der Zärtlichkeit, und Deine Stimme ist die Nabelschnur, die mich ans Leben bindet. Ich träume davon, Dich so fest zu umarmen, dass ich in Dir versinken möchte. Ich träume davon, Dir sagen zu können, »Maman, *mamita,* Du wirst niemals mehr meinetwegen weinen, weder in diesem Leben noch in dem anderen«.

Ich habe Gott gebeten, dass er mich Dir eines Tages beweisen lässt, was Du für mich bedeutest, dass ich Dich schützen und Dich nie mehr eine Sekunde ganz allein lassen kann. In meinen Lebensplänen, wenn ich eines Tages die Freiheit wiedererlange, möchte ich, *mamita,* dass Du daran denkst, bei uns oder bei mir zu leben. Keine Botschaften mehr, niemals mehr Telefon, niemals mehr weite Entfernungen, kein einziger Meter mehr soll uns voneinander trennen, denn ich weiß, dass alle ohne mich leben können, nur Du nicht. Mich beflügelt jeden Tag die Hoffnung, dass wir zusammen sind, und wir werden sehen, wie Gott uns den Weg zeigen wird, wie wir uns organisieren werden, aber als Allerersten möchte ich Dir sagen, ohne Dich hätte ich bis heute nicht durchgehalten.

Jeden Tag fragst Du mich, wie mein Leben aussieht. Ich weiß, dass Pinchao Dir viele Details berichtet hat. Ich bewundere Pinchao sehr. Was ihm da gelungen ist, ist heldenhaft. Eines Tages werde ich ihn, wenn Gott will, ganz fest in meine Arme schließen. Das konnte ich nicht tun, als er sich aus dem Lager stahl. Hilf ihm so viel wie möglich. Vor allem, wenn er einen Zufluchtsort braucht, sag ihm, wie sehr ich ihn liebe und wie ich zu Gott gebetet habe, dass er seine Heldentat überlebt. Nun, seit Pinchao geflüchtet ist, haben sich unsere Bedingungen noch mehr verschlechtert. Die Vorschriften sind drakonisch geworden, und es ist entsetzlich für mich. Sie haben mich von all denen getrennt, mit denen ich mich am besten verstanden, mit denen ich vieles gemeinsam und für die ich eine große Zuneigung gehegt habe. Sie haben mich in eine menschlich sehr schwierige Gruppe gesteckt.

Ich spüre, dass meine Kinder, während sie darauf warten, dass ich freikomme, ein Leben in der Schwebe führen, und Dein tägliches Leiden, das der ganzen Welt, hat zur Folge, dass der Tod mir wie eine sanfte Lösung erscheint. Zu Papa zu gehen, um den ich nie aufgehört habe zu trauern: Seit vier

Jahren beweine ich jeden Tag seinen Tod. Immer denke ich, dass ich irgendwann aufhören werde zu weinen und es von da an vernarbt ist. Aber der Schmerz kommt wieder und stürzt sich auf mich wie ein tollwütiger Hund, und wieder fühle ich mein Herz in tausend Stücke zerspringen. Ich bin des Leidens müde, möchte nicht mehr jeden Tag den Schmerz in mir tragen, nicht mehr mich belügen, weil ich denke, dass all das vielleicht ein Ende haben wird, und nicht mehr feststellen, dass jeder Tag der Hölle des vorangegangenen gleicht.

Ich denke an meine Kinder, an meine drei Kinder, an Sébastien, an Méla und an Loli. So viel Leben ist zwischen uns dahingeflossen, dass ich diese lange Zeit der Entfernung nicht mehr fassen kann. Sie sind dieselben und sind es nicht mehr. Jede Sekunde meiner Abwesenheit, in der ich nicht für sie da sein kann, um ihre Wunden zu versorgen, sie zu beraten, ihnen Kraft, Geduld und Demut zu geben, das Leben anzupacken, alle diese verlorenen Gelegenheiten, ihre Maman zu sein, vergiften mir zusätzlich meine Momente unendlicher Einsamkeit, es ist, als spritzte man mir Tropfen für Tropfen Zyanid in die Venen.

Mamita, es ist ein sehr schwerer Moment für mich. Mit einem Mal wollen sie Lebenszeichen, und ich schreibe Dir auf diesem Papier mit angespannter Seele. Es geht mir körperlich schlecht. Ich esse nicht mehr, ich habe den Appetit verloren, mir fallen die Haare in Büscheln aus. Ich habe auf nichts Lust. Ich glaube, das ist das einzig Gute: auf nichts mehr Lust zu haben. Denn hier in diesem Dschungel lautet die einzige Antwort auf alles »Nein«. Deshalb ist es besser, nichts zu wollen, um wenigstens frei von Wünschen zu sein. Seit drei Jahren bitte ich um ein Nachschlagewerk, damit ich etwas zu lesen habe, um etwas zu lernen und die intellektuelle Neugierde wachzuhalten. Ich hoffe weiterhin, dass sie mir wenigstens aus Mitleid eines verschaffen, aber es ist besser, gar nicht daran zu denken. Eher ist alles ein Wunder.

Jeden Morgen Deine Stimme zu hören ist ein Wunder, denn mein Radio ist sehr alt und beschädigt. Versuche es immer, mir eine Nachricht zukommen zu lassen, wie Du es ja auch machst, am Anfang der Sendung, denn danach gibt es viele Interferenzen, und nach 5 Uhr 20 kann ich nur erraten, was Du mir sagt. Und wenn es eine wichtige Information gibt (wie Astrids Heirat), wiederhole sie im Laufe der Nachrichten, ich habe erst Weihnachten vor zwei Jahren von Astrids und Daniels Heirat erfahren, Du hast sie sicherlich erwähnt, aber ich habe es nicht verstanden!

Übrigens, was das Radio angeht, möchte ich Dich bitten, geliebte *mamita*, den Kindern zu sagen, dass sie mir drei Mal pro Woche eine Nachricht senden, montags, mittwochs und freitags. Dass sie Dir zwei Zeilen per E-Mail schicken, und Du liest sie mir vor. Nichts Erhabenes, alles, was ihnen in den Kopf kommt oder worauf sie Lust haben, schnell hinzuschreiben, von der Art wie »Maman, es ist schönes Wetter heute, ich werde mit Maria zu Mittag essen, ich habe sie sehr gern, ich bin sicher, sie wird Dir gefallen« oder »Ich bin erschöpft, aber heute habe ich in einem Kurs, den ich ungeheuer mag, eine Menge über die neuen Kinotechniken gelernt«. Ich brauche nichts Anderes, nur Kontakt mit ihnen zu halten.

Jeden Tag warte ich ungeduldig darauf, dass Du von ihnen erzählst oder dass Du mir sagst, wenn Du mit ihnen gesprochen hast. Das macht mir am meisten Freude, es ist das Einzige, was mir wirklich wichtig ist, die einzige lebensnotwendige Information – über alles hinausgehend und unersätzlich, alles Übrige bedeutet mir nichts mehr.

Nun ja, wie ich Dir schon gesagt habe, das Leben hier ist kein Leben, es ist eine trostlose Zeitverschwendung. Ich lebe oder überlebe in einer zwischen zwei Pfosten gespannten Hängematte, darüber ein Moskitonetz und eine Zeltplane, die als Dach dient und mich glauben lässt, ich hätte ein Haus. Ich habe ein Brett, auf das ich meine Sachen lege, das heißt, meinen Rucksack mit den Anziehsachen und der Bibel, die mein einziger Luxus ist. Alles ist bereit, um sofort davoneilen zu können.

Hier gehört nichts niemandem, nichts ist von Dauer, die Unsicherheit und Ungewissheit sind die einzigen Konstanten. Sie können einem jede Minute den Befehl geben, sein Bündel zu schnüren, und jeder muss in welchem Loch auch immer schlafen, sich hinlegen, wo auch immer, wie ein Tier. Diese Augenblicke sind besonders schwierig für mich. Meine Hände werden feucht, mein Geist vernebelt sich, und ich führe schließlich alles doppelt so langsam aus wie gewöhnlich. Die Märsche sind ein Leidensweg, da meine Ausrüstung sehr schwer ist. Ich schaffe es kaum, sie zu tragen. Manchmal nehmen mir die Guerilleros ein paar Sachen ab, um das Gewicht zu verringern, aber lassen mir die »Pötte«, das heißt, alles, was für unsere Toilette nötig und was am schwersten ist. Alles ist mühsam, ich verliere meine Sachen oder sie nehmen sie mir ab wie die Jeans, die mir Méla zu Weihnachten geschenkt hat und die ich trug, als sie mich entführt haben. Ich habe sie nicht mehr wiedergesehen. Das Einzige, was ich retten konnte, war die Jacke, und das war ein Segen, denn die Nächte sind eisig, und ich hatte nichts anderes, um mich gegen die Kälte zu schützen. Davor liebte ich es, im Fluss zu baden. Da ich die einzige Frau in der Gruppe bin, muss ich es fast völlig angezogen tun: Short, Hemd und Stiefel! Wie unsere lieben Großmütter früher. Davor schwamm ich mit Wonne im Fluss, aber jetzt bin ich schnell außer Atem. Ich bin schwach, verfroren und empfindlich, ich ähnle einer Katze vor dem Wasser. Ich, die ich so das Wasser geliebt habe, erkenne mich nicht wieder.

Gewöhnlich turnte ich zwei Stunden am Tag, manchmal sogar drei. Ich hatte mir ein Gestell gebastelt, eine Art kleine Bank aus Zweigen, die ich *step* nannte, und dachte dabei an die

Übungen aus der Gymnastikstunde: Die Idee war, hinauf- und herabzusteigen, als handle es sich um eine Treppenstufe. Es hatte den Vorteil, wenig Platz einzunehmen, denn manchmal sind die Lagerplätze so klein, dass die Gefangenen fast aufeinander liegen. Aber seit sie die Gruppen getrennt haben, habe ich weder die Lust noch die Energie, irgendetwas zu tun. Ich mache ein paar Dehnungen, denn von der Anspannung ist mein Hals blockiert. Das tut sehr weh. Die Übungen helfen mir ein wenig, den Hals zu dehnen. Das ist meine ganze Aktitvität, *mamita.*

Im Übrigen verhalte ich mich still, mache so wenig wie möglich den Mund auf, um Probleme zu vermeiden. Die Anwesenheit einer Frau unter lauter Männern, die seit acht oder zehn Jahren Gefangene sind, ist ein Problem. Ich höre RFI und BBC, ich schreibe sehr wenig, weil die Hefte sich stapeln und sie zu tragen eine echte Tortur ist: Ich musste mindestens vier verbrennen. Außerdem nehmen sie einem bei den Inspektionen das weg, woran man am meisten hängt. Ein Brief von Dir, der mich erreicht hatte, wurde mir 2003 nach dem letzten Lebenszeichen weggenommen. Die Zeichnungen von Anastasia und Stanis, die Fotos von Méla und Loli, Papas Überwurf, ein Regierungsprogramm mit hundertneunzig Punkten, das ich im Laufe der Jahre mit Anmerkungen versehen hatte – sie haben mir alles genommen.

Jeden Tag bleibt mir etwas weniger von mir selbst. Die anderen Details hat Dir Pinchao erzählt Alles ist mühsam. Das ist die Realität. (…) *Mamita,* möge Gott uns helfen, uns leiten, uns die Geduld geben und uns schützen. Immer und ewig. Deine Tochter.

Íngrid Betancourt,
15 Uhr 34

Die schwarze Hummel

Arturo Álape

Die beiden alten Bauern blieben bei dem toten Guerillero und beteten für seine Seele. Der Herr befreie ihn von seinen Sünden und nehme ihn zu sich in den Himmel.

Er starb, weil er abergläubisch war.

Aber das war ihm schon vorgezeichnet. Noch vor der Zeit der Selbstverteidigung, mitten im Frieden, war er einmal todkrank gewesen. Er konnte nicht schlafen. In der Nacht spürte er ein Kitzeln im ganzen Körper, als ob ein Tier in seinem Innern herumkrabbelte. Manchmal verschluckte er sich, weil ihm das Kitzeln bis zur Kehle hinaufstieg. Er bekam keine Luft mehr, seine Füße waren eiskalt, und der Kopf tat ihm weh, dass er fast verrückt wurde. Alles, was er hatte, gab er für Heilkräuter aus. Damals kam ein Sibundoy-Indio ins Haus, einer von denen, die wie Frauen angezogen sind und Ketten um den Hals tragen und einen unheimlich starken Waldgeruch an sich haben. Er kam zusammen mit seinem Großvater, einem alten Indio, dessen Gesicht nur aus Falten zu bestehen schien. Der Indio sagte: »Ich brauche einen großen Tisch und eine Schüssel. Mit der Behandlung fange ich an, wenn der Regen aufhört und der Regenbogen erscheint.«

Sie warteten ein paar Tage. Der Indio sagte: »Jetzt muss mit der Behandlung begonnen werden. Legt mir den Mann in ein Leintuch eingewickelt auf den Tisch.« Er braute ein Gesöff aus wer weiß was für einem ekligen Zeug. Niemand sprach. Die Frau des Bauern betete und weinte. Der Indio packte ihn, hob seinen Kopf hoch, flößte ihm den Heiltrank ein und begann, an seinem Mund zu saugen. Er saugte fast eine Stunde. Das Tageslicht wurde schwächer. Plötzlich kam der Regenbogen und fiel durch die Tür auf den Boden der Hütte. Der Indio saugte noch stärker und massierte seinen ganzen Körper. Dann drückte er auf seinen Bauch, bis der Bauer anfing zu kotzen. Er kotzte eine ganze Weile. Der Indio stelle ihm die Schüssel hin.

Nach einiger Zeit sagte der Indio zu der Frau: »Sehen Sie, das ist die Krankheit Ihres Mannes.« In der Schüssel schwamm ein schwarzer Käfer. »Seine Krankheit kam von einer Hexerei. Wenn einer einen Feind hat, geht er zu einem Medizinmann oder einem Zauberer und lässt sich ein Pulver geben. Das bringt er demjenigen, dem er den Zauber antun will, und gibt es ihm mit Wasser, Kaffee oder Bier zu trinken. In dem Getränk sind die Eier eines Tieres, das dann im Magen des Feindes zu wachsen beginnt. Er bekommt Kopfschmerzen und fühlt ein Krabbeln im ganzen Körper und stirbt nach drei Monaten. So muss man eine Feindschaft bezahlen. Wissen Sie, was man dagegen tun kann? Zu einem anderen Zauberer gehen. Er kann ein Gegenmittel gegen den Zaubertrank bereiten und den Kranken von dem Übel befreien.«

Er hat immer an diese Bräuche geglaubt, wie viele Guerilleros. Später hörte er von einem alten Medizinmann, der das Rezept wusste, einen unsichtbar zu machen. Das kam ihm wie gerufen, weil wir vorhatten, uns ein paar Gewehre zu beschaffen, und wenn einer unsichtbar war, konnte nichts schiefgehen. Er ging zu dem Alten und erklärte ihm, was er wollte. Der kannte ihn von früher und wusste, dass er Guerillero war. Der Alte sagte ihm, dass es eine komplizierte Behandlung sei. Dann machten sie sich an die Arbeit. Er steckte ihn in einen dunklen Raum, hieß ihn sich ausziehen und begann, ihn mit einem Strick am ganzen Körper zu messen. Die Arme, die Beine, die Brust. Danach fing er an, Gebete zu sprechen, und gab ihm eine Menge stinkendes Zeug zu trinken. Zwei Monate lang ging der Guerillero zu dem Alten, der die Behandlung in aller Gewissenhaftigkeit durchführte.

Eines Tages sagte der Alte zu ihm: »Jetzt bist du soweit.« Wir besprachen den Plan und nahmen uns das nächstbeste Objekt vor. Ein Kinderspiel, wo einer von uns unsichtbar war.

Der erste Versuch war ein Reinfall. Sie fingen sofort an loszuballern und ließen uns überhaupt keine Chance. Wenn wir nicht schleunigst abgehauen wären, hätte es uns erwischt. Am zweiten Tag töteten sie uns den Kameraden, weil er diesem verdammten Alten vertraut hatte.

Einer weniger im Lager. Er starb, weil er abergläubisch war.

Zwei Bauern kommen ins Lager: »Wir wussten, dass ihr es seid. Gestern ist eine gelbe Hummel um die Hütte geflogen, und wenn so eine auftaucht, weiß ich, dass etwas Gutes im Anzug ist. Wenn die Hummel schwarz ist, ist es etwas Schlechtes. Hier bringen wir euch etwas zu essen. Wir wollten euch außerdem sagen, dass heute die schwarze Hummel am Haus war und dann weggeflogen ist in Richtung Berge. Von dort müssen die Soldaten kommen, die hinter euch her sind.«

Da waren keine Worte mehr zu verlieren. Jeder nahm seine Sachen und wir verabschiedeten uns. Die Bauern blieben zurück, streuten Erde auf das Feuer und beseitigten unsere Spuren. Wir zogen wieder in die Berge.

Aufstieg eines Smaragdsuchers

Jeanette Erazo Heufelder

Victor Carranza war acht Jahre alt, als er das erste Mal allein nach Chivor aufbrach. Auf uralten Pfaden kam er nach zwanzig Kilometern zu der abgelegenen Gemeinde Almeida, wo die Minenregion begann. Die Smaragdzone Chivors erstreckte sich über zehn Kilometer in ostwestlicher Richtung und über fünf Kilometer in nordsüdlicher Richtung. Sie begann bei den Flüssen Rucio und Sanai in 2300 Meter Höhe und fiel im Osten allmählich 1500 Meter hinab bis zum Rio Guavio. Im Grunde bestand die Chivor-Zeche aus einer ganzen Reihe von Abbaustellen, die sich über die gesamte Region verteilten, was die Kontrolle der Mine erschwerte.

Der Bruder, der seit einigen Jahren in der Mine arbeitete, war nicht sonderlich erstaunt darüber, als ihm plötzlich Victor gegenüberstand, denn jeder Junge aus der Umgebung landete früher oder später in Chivor. Aber er hatte keine Zeit, sich um seinen jüngeren Bruder zu kümmern. Er selbst wohnte in den Arbeiterunterkünften auf dem Minenareal, wo Familienangehörigen der Zutritt untersagt war. Deshalb brachte er Victor bei einer Bauernfamilie unter. Für Kost und Logis musste er dort das gleiche wie zu Hause tun: Hühner füttern, Holz hacken und Wasser holen. Aber wie leicht ging ihm jetzt die Arbeit von der Hand, war er doch auf diese

Weise seinem Ziel so viel näher gekommen. Mit den Guaqueros zog er jeden Tag zu den Schürfstellen im Flussbett des Rio Rucio unterhalb des Tagebaus. Dort warteten sie darauf, dass von der Mine eine Gesteinslawine den Abhang hinuntergespült wurde. Bei vollem Minenbetrieb landete mehrmals täglich eine Ladung Geröll im Flussbett, da die Erdschichten, in denen keine Smaragde zu vermuten waren, mit Dynamit abgesprengt wurden. Sobald sich das losgesprengte Geröll staute und die weiteren Arbeiten behinderte, wurde das oberhalb der Mine gelegene Wasserbecken geöffnet, dessen Wassermassen hinunterstürzten und die losgelösten Brocken mit in die Tiefe rissen. Die Mineningenieure erkannten taubes Gestein daran, dass es aus Schiefer bestand, der eine durchgehend geschlossene Fläche bildete. Erst wo der Schiefer wellenartig durchbrochen verlief, wuchs die Wahrscheinlichkeit, auf smaragdhaltige Adern zu stoßen. Sobald sich die Zusammensetzung änderte, wurde der Boden sehr sorgfältig kontrolliert. Und wo sich rötliche Feldspatadern abzeichneten, klopfte man die Ader vorsichtig los und schaufelte die Gesteinsbrocken in Säcke. Diese Säcke wurden sorgsam versiegelt und zum Verwaltungsgebäude gebracht, wo ihr Inhalt auf Siebe gekippt und unter den wachsamen Augen der Aufpasser mit Wasser von Erde und Lehm gesäubert wurde. Gab es Smaragde unter den Steinen, stachen sie durch ihr Grün heraus, das feucht noch dunkler und intensiver leuchtete als im trockenen Zustand.

Die Schürfer unten im Flussbett mussten mit dem Minenabfall vorlieb nehmen. Trotzdem schien sich die Suche für sie zu lohnen, zumindest deutete die Zahl der Menschen darauf hin, die täglich dorthin strömten, wo die Geröllawine aus der Mine landete. Mit Spitzhacken und Schaufeln durchwühlten sie den schwarzen Schutt auf der Suche nach grünen Steinsplittern. Wer keine eigenen Werkzeuge besaß, konnte sie sich stundenweise gegen Gebühr in einem Schaufelverleih ausleihen, den ein einfallsreicher Schürfer in einem Bretterverschlag eröffnet hatte. Bezahlt wurde mit harten Centavos oder mit spekulativen Gewinnbeteiligungen. Da der junge Victor nicht einen einzigen Centavo in seiner löchrigen Tasche hatte, stellte er anderen Guaqueros seine Dienste als Schaufler oder Wasserträger zur Verfügung und durchsuchte das spitzkantige Gestein mit bloßen Händen nach Smaragden, bis die Haut unter seinen Nägeln aufriss und zu bluten begann. Er wusch seine Hände mit den Steinen in dem dünnen Rinnsal, das sich im Flussbett mäandrisch seinen Weg durch die Tonnen von Geröll bahnte. Die Schürfer entwickelten einen Blick für jeden noch so kleinen grünen Splitter im Kies. Nicht der kleinste Smaragdkrümel entging ihrem Tunnelblick. Ihre Suche wurde vor allem dann interessant, wenn die Mine Smaragde ans Tageslicht förderte. Dann landete bei ihnen auch der Abfall, aus dem die Smaragde herausgeklaubt worden waren. Und da es passieren konnte, dass die Minenarbeiter im lehmverkrusteten Geröll Smaragde übersahen, stürzten sich die Menschen mit besonderem Eifer auf das Gestein, das von Stellen kam, in denen eine Ader angeschnitten worden war.

Mit ihrer Abfallsuche begannen die Guaqueros einen beachtlichen Anteil der kolumbianischen Smaragdgewinnung zu erwirtschaften und sich einen festen Platz in der Statistik zu sichern. Und je schlechter die offiziellen Erträge der Chivor-Mine ausfielen, desto mehr blühten die illegalen Geschäfte der kleinen Guaqueros, Schieber und Stollenplünderer. Ihre Ware versorgte den neuen Smaragdumschlagplatz Bogotá mit der notwendigen Nahrung. Smaragde aus Chivor standen in diesen Tagen hoch im Kurs. Die schönsten Smaragde fanden sich dort zum Teil in völlig zersetzten Adern. Sie ließen sich dann so leicht wie Pilze aus der weichen, lehmhaltigen Schicht herausklauben.

Von seiner ersten Reise nach Chivor kehrte der Junge nur widerwillig nach Hause zurück. Die Schule, die ihm zuvor als Fenster zur Welt gedient hatte, wurde nun, da er selbst Teil dieser Welt geworden war, endgültig bedeutungslos. Um ein Leben als Guaquero zu führen, reichte aus, was er in den vier Schuljahren gelernt hatte. Er konnte lesen und schreiben, den Rest würde ihm das Leben selbst beibringen. Im Alter von neun Jahren beschloss er deshalb, das Kapitel Schule abzuschließen und sich selbst ins Leben zu entlassen. Da in seiner Familie Entscheidungen schweigend getroffen wurden, gab es, als er seine häusliche Arbeit einem seiner jüngeren Brüder übertragen hatte, nichts weiter zu sagen. Seine Kindheit hing er zusammen mit der Schule an den Nagel. Denn er war überzeugt davon, dass man die wahren Abenteuer erst als Mann erlebte.

Dieses Mal packte er die Sache anders an. Um nichts in der Welt wollte er wieder als Viehjunge arbeiten. Er war Guaquero und sagte das jedem, der ihn danach fragte. Wie die übrigen Guaqueros schlug er sein Lager direkt an seinem Arbeitsplatz im Flussbett des Rio Rucio auf. Und wie sie war er von den Haaren bis zu den Füßen schwarz von der Arbeit im Schutt und in den Löchern, die wild in den Berg gegraben wurden. Zusammengekauert oder bäuchlings kroch er in diesen Löchern tief in den Berg hinein, wo es heiß wie in einem türkischen Dampfbad war und faulig roch. Die Luft wurde ihm von draußen durch einen Schlauch zugeführt, dessen eines Ende er wie ein Taucher im Mund hielt. Bei dieser Arbeit blieben nur Augen und Zähne weiß.

Victor schürfte im Geröll, bis er vor Müdigkeit umfiel und schlief zusammengerollt wie ein Kätzchen unter einer schwarzen Plastikplane, bis ihn der Lärm um ihn herum wieder weckte und zur Arbeit antrieb. Wenn jemand einen Smaragd fand, ging ein Raunen durch die Menge. Sofort war der

Betreffende von Kollegen umringt, die seinen Fund kritisch kommentierten und den Wert des Steins schätzten. Schien er beachtlich, mischte sich in die Neugier stets auch eine Spur Neid auf das Glück des Nachbarn. Deshalb war jeder bemüht, gute Funde unauffällig zu verstecken, um nicht zu viel Aufmerksamkeit auf sich zu lenken. Denn mit dem Glück kamen auch die Diebe.

Im Geröll des Flussbetts unterhalb der Chivor-Mine fand auch der junge Victor seinen ersten Smaragd. Er stellte schnell einen Fuß auf den grünen Stein und hob ihn, nachdem er sich vergewissert hatte, dass niemand ihn beobachtete, unauffällig auf. Er hatte keine Ahnung, wie viel der Stein wert war, aber er wusste inzwischen, dass er diesbezüglich von keinem der Erwachsenen um ihn herum eine ehrliche Antwort zu erwarten hatte. Deshalb rannte er den Hang zum Mineneingang hoch und stellte sich atemlos ans Tor. Er hielt nach dem älteren Bruder Ausschau, der immer noch in Chivor beschäftigt war. Es konnte Stunden dauern, bis er irgendwann in der Nähe des Tores auftauchte. Aber Victor hatte Zeit. Den Stein hielt er fest in der zur Faust geballten Hand, während er seine Blicke über das Minenareal wandern ließ.

Victors Bruder befand sich unter den Männern, die der Sisyphusarbeit zugeteilt waren, den Minenabhang immer wieder treppenförmig abzutragen. Sie waren in zwei Gruppen unterteilt. Die einen lockerten mit Stahlstangen, die sie in monotonem Rhythmus in den Boden rammten, den Schieferboden auf Die anderen schaufelten den gelockerten Boden den Abhang hinunter. Sobald sie eine Smaragdader freilegten, kam der »Adernklopfer« zum Einsatz, der mit einer kleinen Spitzhacke vorsichtig die mit Quarz und Feldspat verwachsenen Smaragde losklopfte und in den Sack füllte, den ihm ein Aufpasser unter die Nase hielt.

Aus einer Baracke am Minenhang zogen verführerische

Essensgerüche über das Gelände. Viel Abwechslung bot die Speisekarte in den Minen üblicherweise nicht, aber das Essen war nahrhaft und machte satt. Meist bestand es aus einem Gemisch aus Yucca und Fleisch. Victor entdeckte seinen Bruder unter den Arbeitern, als er in Richtung der Kantine am Eingangstor vorbeiging. Victor winkte ihn aufgeregt zu sich und zeigte ihm den Stein. Doch zu seiner Enttäuschung musste er feststellen, dass der große Bergbauspezialist in der Familie genauso wenig von Smaragden verstand wie er selbst. Der Bruder hatte keine Ahnung, wie viel der Stein wert war. Bei seiner Tätigkeit am Minenhang hatte er noch nicht das Glück gehabt, einen Smaragd in die Finger zu bekommen. Das war auch der Grund, weshalb die Familie in Guateque seit Monaten nichts mehr von ihm gehört hatte. Die Minengesellschaft zahlte nur sein Essen und die Unterkunft. Sein Lohn bestand aus der Hoffnung, die Gelegenheit zu bekommen, einige Steine einzuheimsen. Solange ihm das nicht gelang, war er ein Gefangener der Mine. Nach Feierabend tauschten die Arbeiter stundenlang Tipps aus, wie sich die Steine an den Wachen vorbei nach draußen bringen ließen, festgekrallt zwischen den Zehen, hinuntergeschluckt im Magen oder versteckt in ausgehöhlten Stöcken. Aber bisher war das alles reines Wunschdenken geblieben. Und plötzlich stand der kleine Bruder als ein erfolgreicher Guaquero vor ihm. Wenn er in den Augen des Jüngeren sein Ansehen wiedergewinnen wollte, mußte er ebenfalls einen kleinen Erfolg aus dem Ärmel zaubern. Er nahm den Stein an sich und versprach seinem Bruder, sich um die schwierige Aufgabe zu kümmern, den Stein gewinnbringend zu verkaufen.

Der einzige Aufkäufer, den er in Chivor kannte, war der Oberaufseher der Mine, der von seinem erhöhten Posten aus die gesamte Abbaustelle überblickte. Eigentlich war er dafür verantwortlich, aufzupassen, dass keiner der Arbeiter heimlich Smaragde verschwinden ließ. In Wirklichkeit lag für ihn der Reiz seiner Arbeit aber genau darin, einen Blick dafür zu entwickeln, welcher Arbeiter sich Steine in die Hosentasche steckte, um den Dieb in einem unbeobachteten Moment anzusprechen und ihn vor die Wahl zu stellen, entweder bei der Firmenverwaltung angezeigt zu werden oder halbe-halbe zu machen. In diesem Fall kam der Arbeiter mit einem blauen Auge davon, mußte aber den Stein weit unter Wert an den Oberaufseher verkaufen. Da von diesem bestechlichsten aller Männer in der Mine das Schicksal jedes Arbeiters abhing – er konnte sie feuern lassen oder ihnen den Schmuggel erleichtern –, bemühten sich alle, ihn bei Laune zu halten.

Ausgerechnet dem größten Spitzbuben bot Victors Bruder in seiner Unbeholfenheit den Stein an. Der blickte den Arbeiter, der unsicher vor ihm stand, nicht einmal an, als er sich den Stein in die Tasche steckte und ihm zwanzig Centavos hinwarf. Von diesem Almosen zahlte er die Hälfte seinem Bruder aus. Die andere Hälfte kassierte er selbst als Gewinnbeteiligung.

Victor begriff, dass es nichts nützte, Steine zu finden, solange er keine Ahnung hatte, was die Steine, die er fand, wirklich wert waren. Er erinnerte sich an die Grundsätze, nach denen er auf dem Markt in Guateque gehandelt hatte: überall dabei sein, stets zuhören, wenig Fragen stellen, nirgends auffallen. Die gleiche Strategie wandte er nun auf seinem Platz im Flussbett an. Er wusch weiter schweigend seine Steine und beobachtete aus den Augenwinkeln heraus die Guaqueros. Er studierte sie, wenn sie mit den Aufkäufern um jeden Centavo feilschten. Es ging um winzige Beträge. Um dreißig Centavos oder zwei Pesos. Die Schürfer sahen ganz nüchtern, dass sich mit ihren Steinen kein großer Reibach machen ließ, und begnügten sich mit dem, was ihnen die Aufkäufer direkt vor Ort zahlten. Sie wussten ganz genau, dass sie von ihnen regelmäßig ausgeschmiert wurden. Aber wenn die Aufkäufer zu viel zahlten, blieben sie anschließend selbst auf den Steinen sitzen. Sie mussten hart kalkulieren, kleine Mengen unter Preis aufkaufen und sie als größeres Sortiment weiterverkaufen. Nur so machten sie einen guten Schnitt.

Die Guaqueros blieben allerdings, was sie waren: arme Schlucker. Sie riskierten ihr Leben und schürften im Dreck, ohne Aussicht auf Erfolg. Ihr Name war noch das Schönste an ihrer wenig poetischen Arbeit. Er leitete sich von *guaca* ab, dem indianischen Wort für Nest, und umschrieb malerisch, was die Guaqueros bei ihrer Arbeit taten. Mit ihren Schaufeln hoben sie aus dem schwarzen Schutt kleine Nester aus. Aus der Nähe betrachtet, hatte ihre Tätigkeit viel von dem Glanz eingebüßt, der sie in den Augen des Grundschülers während seiner ersten Reise in die Minenregion umgab.

Victor konnte sehen, dass die Händler die Einzigen waren, die an den Geschäften im Flussbett verdienten. Die Guaqueros waren das letzte Glied in einer langen Kette von Abhängigkeiten und Dienstleistungen. Waren sie mit den Preisen, die ihnen die Händler boten, nicht einverstanden, blieb ihnen nichts anderes übrig, als ihre Steine wieder in die Hosentasche zu stecken. Die Händler gingen dann achselzuckend zum nächsten Schürfer. Victor Carranza hatte seine erste große Lektion in den Minen gelernt. Er beschloss, die Seite zu wechseln. Wer den Zehnjährigen nun fragte, was er in Chivor mache, erhielt zur Antwort, dass er Händler sei.

Er hörte auf, Steine im Flussbett zu waschen und sich in heimlich gegrabenen Tunnels durch Berge zu robben. Stattdessen spezialisierte er sich auf Käufe und Verkäufe. Dabei kam ihm zugute, dass er die meisten Guaqueros durch die Monate, die er gemeinsam mit ihnen gearbeitet hatte, persönlich kannte: Er erfuhr von ihnen meist als Erster, noch vor den anderen Händlern, wer einen Stein gefunden hatte.

Die Smaragde, die er sich bei ihnen aussuchte, musste er erst zahlen, wenn er sie weiterverkauft hatte. Man kannte ihn und vertraute ihm. Aber er musste sie zahlen und konnte sie nicht wieder zurückgeben, falls er auf ihnen sitzenblieb. So waren die Regeln. Er musste seine Rechnungen begleichen, sonst wäre er in größte Schwierigkeiten geraten, und niemand hätte dabei auf sein Alter Rücksicht genommen. Die Schwierigkeit im Smaragdgeschäft, darin waren sich alle einig, bestand nicht darin zu verkaufen, sondern darin, die richtigen Steine einzukaufen. Victor hatte ein Gespür für den Geschmack seiner Käufer. Mit den Steinchen, die er direkt in Chivor verkaufte, verdiente er sich das Geld, das er für die Käufe der qualitativ besseren Steine benötigte. Wenn er das Gefühl hatte, einen besonders schönen Stein erworben zu haben, dann machte er sich die Mühe, nach Guateque aufzubrechen, wo er für seine Ware bessere Preise bekam. Und auf dem Rückweg nach Chivor schaute er bei seiner Familie vorbei.

Er war nun derjenige, der seine sechs Geschwister und die Eltern finanziell über Wasser hielt. Obwohl er nicht der älteste Sohn in der Familie war, übernahm er die Rolle des Erstgeborenen. Für sich selbst kaufte er von seinem Geld ein paar Rinder, die er in Chivor einem Bauern in Pflege gab. Rinder waren das Symbol für beruflichen Erfolg. Je größer die Herde wurde, desto bekannter wurde der Name des Halters. Mit neunzehn Jahren gehörte Carranza bereits zu den wohlhabenderen Händlern der Region. Man konnte es an der Stückzahl seiner Rinder ablesen. Durch seine Hände wanderten viele Steine, die auf dem regionalen Markt angeboten wurden. Er erkannte mittlerweile anhand ihrer Einschlüsse, Flecken und Brüche, von welcher Abbaustelle sie stammten. Die schönsten Steine kamen immer noch aus der San-Francisco-Grube, wo dreißig Jahre vorher die »Patricia« gefunden worden war.

Die Steine aus Chivor waren unverwechselbar in ihrem

blaustichigen Grün, das auf einem höheren Anteil an Vanadium beruhte, als es die dunkelgrünen Steine aus Muzo und die gelblichen Smaragde aus Coscuez aufwiesen. Carranza fiel auf, dass ihm plötzlich Edelsteine angeboten wurden, deren Grün auf keine der bekannten Abbaustellen in Chivor hinwies. Diese Smaragde brachten ihm Bauern aus Gachala, einer fünfzehn Kilometer südwestlich des Tagebaus von Chivor gelegenen Region, die bisher nicht als Smaragdlagerstätte bekannt gewesen war. Die meisten Steine, die ihm gezeigt wurden, waren kommerziell wertlos. Sie waren milchig, stumpf und porös. *Morallas* nannten die Esmeralderos abfällig solche kiesigen Steine. Trotzdem lohnte es sich, einen Blick auf die Stellen zu werfen, an denen die *morallas* gefunden wurden, da diese manchmal den Weg zu smaragdhaltigen Formationen im Schiefer wiesen. Zumal unter den *morallas,* die ihm die Bauern aus Gachala zum Verkauf anboten, auch einige Steine waren, die aus der Reihe fielen. Sie waren zwar blasser als die Chivor-Steine, dafür glänzten sie intensiver und besaßen praktisch keine Einschlüsse. Ja manche waren sogar ausgesprochene Schönheiten. Der Anblick dieser Steine lieferte ihm ausreichende Gründe, mit einer Gruppe Freunde in Richtung Gachala aufzubrechen. Hinzu kam noch der reizvolle Gedanke, dass es ein neues Vorkommen zu entdecken gab, dessen Besitzverhältnisse noch ungeklärt waren. Die Minen waren für jeden frei zugänglich. Deshalb wollte er sich die Gelegenheit nicht entgehen lassen, diese jungfräuliche Erde als Erster zu bearbeiten.

Die Flüsterpropaganda war schon angelaufen, als sich die Vorhut unter Carranza noch gar nicht in Gachala befand. Unter den Guaqueros sprach sich jede Neuigkeit wie ein Lauffeuer herum. Mit unfehlbarer Treffsicherheit vermuteten sie neue Vorkommen hinter der Reisefreudigkeit einiger Kollegen. Und schon bauten die nächsten im Flussbett bei Chivor ihre Planen ab. Sie packten ihr rostiges Werkzeug ein und folgten den Gerüchten, von denen niemand wusste, wie viel daran stimmte. Aber Gerüchte waren immer die Wegweiser zu neuen Zechen gewesen. Wo immer ein Stollen in den Berg hineingetrieben wurde, begleiteten zahlreiche Geschichten von unglaublichen oder verborgenen Funden die Suche. Und je erfolgloser die eigene Suche verlief, desto bereitwilliger wurde Geschichten Glauben geschenkt, in denen von Leuten die Rede war, die der Stein über Nacht reich gemacht hat. Solche Geschichten waren es nun auch wieder, die sie alle nach Gachala trieben.

In Gachala konzentrierte sich die Smaragdsuche auf einen Ort namens Mundonuevo, »Neue Welt«. Dort sollte einer der Schürfer gleich in den ersten Tagen auf eine dicke Smaragdader gestoßen sein. Dieser Glückspilz, so wurde getuschelt, hieß Victor Carranza. Das Gerücht hielt sich hartnäckig. Denn es fand sich natürlich gleich jemand, der allen, die es hören wollten, bestätigte, dass der junge Smaragdgräber in seinem Heimatort Guateque mittlerweile die größte Rinderfarm besaß. Für die Richtigkeit solcher Aussagen hielt niemand seine Hand ins Feuer. Aber darum ging es gar nicht. Die Tatsache, dass Gerüchte entstanden, war wichtiger als die Prüfung ihres Wahrheitsgehaltes. Carranzas Stollen wurde zur Attraktion und der Platz davor zum Treffpunkt. Schnapsverkäufer bauten ihre Stände auf, Marktköchinnen versorgten die Schaulustigen mit Blätterteigtaschen und Maiskuchen. Getränkeverkäufer schleppten kübelweise Limonade herbei. Die Männer standen herum, aßen und tranken und sahen Carranza und seinen Leuten bei der Arbeit zu. Sie sahen, wie sie in der Mine verschwanden und mit Schubkarren voller Geröll wieder auftauchten. Sie sahen, wie sich die Guaqueros um den Abfall aus Carranzas Mine prügelten, so wie sie sich zuvor in Chivor um das Gestein gestritten hatten, das von der Mine den Abhang hinab ins Flussbett gekippt worden war.

Die Männer harrten unermüdlich vor Carranzas Stolleneingang aus. Wenn sie schon selbst keine Steine fanden, versuchten sie zumindest, sich an das Glück eines Mannes zu klammern, der erfolgreicher als sie selbst war. Sie hofften sehnsüchtig, zur richtigen Zeit am richtigen Ort zu sein. Es war die übliche parasitäre Entourage, die sich im Umfeld eines Mannes bildete, von dem man sich etwas versprach. Was genau das war, hätte zu diesem Zeitpunkt noch niemand sagen können. Aber dass nun einige weniger erfolgreiche Männer wie lästige Moskitos um Carranza herumschwirrten, war ein untrügliches Anzeichen dafür, dass er sich von den anderen zu unterscheiden begann. Sie bettelten darum, ihm unbezahlt helfen zu dürfen. Carranza wies sie nicht ab. Er war von seiner eigenen Glückssträhne so überzeugt, dass er es sich leisten konnte, andere in seinem Stollen schürfen zu lassen, wenn er selbst zu müde dazu war. Natürlich geschah dies immer unter seinem wachsamen Blick und aus dem Kalkül heraus, dass sich seine großzügige Geste auszahlen würde. Denn in die Bewunderung für einen erfolgreichen Smaragdsucher mischte sich bei den Schürfern immer auch ein wenig bösartiger Neid, der sich durch kleine Gefälligkeiten wie diese ausschalten ließ. Denn die Männer, die das verführerische Schimmern der Smaragde bei Laune hielt, waren bereit, mehr für ihren Gönner zu tun.

Vorsicht beim Kauf eines Landgutes in Antioquia

Fernando Vallejo

Mein Vater war Anwalt wider Willen. Als Deserteur des Priesterseminars standen ihm als einzige ebenso krumme und verwickelte Wege wie die des Lateins die Wege des Gesetzes offen. Seine wahre Berufung sind jedoch die Buckelrinder. Er hat die Seele eines Dichters, die sich in den Narrheiten eines Landwirts ausdrückt. Das Vieh interessiert ihn nicht seiner möglichen Erträge wegen; es interessiert ihn seiner Schönheit wegen. Er sieht seine prachtvollen weißen Tiere mit den kleinen Hörnern und dem großen Buckel auf dem Grün einer Weide wie das Kind die Schäflein auf dem Moos seiner Krippe, wie etwas Wunderschönes. Weder will er sie essen, noch will er sie tauschen, noch will er sie verkaufen. Ihn stören sie nicht, stören sie Sie? Nach dem Verkauf seiner Hälfte von Santa Anita an seinen Schwiegervater besaß er noch mehrere Grundstücke: Er baut ein Haus auf ihnen, er führt ein Aquädukt heran, er installiert Strom, er säubert die Weiden, er umgibt sie mit Stacheldraht, er füllt sie mit Vieh, er errichtet Ställe, er stellt Tränken auf, er sät für den Anbau, er verschönert sie mit Hortensien und Rosenstöcken, und am Ende verkauft er sie zum Selbstkostenpreis, um sich andere zu kaufen und wieder von vorne zu beginnen. Er ist von einer aberwitzigen Bauwut besessen.

Das Gut, das in seinem Herzen an die Stelle von Santa Anita trat und mit dem er sich Erfahrung erwarb, lag eine Stunde auf Mauleselrücken von dem – konservativen – Dorf San Carlos entfernt.

»So weit Ihre Augen reichen, Doktor«, sagte der vorherige Besitzer zu ihm, nachdem er an einem sonnigen Tag mit ihm auf die höchste Erhebung geritten war, »von hier bis zum Horizont, das alles ist das Gut. Das grüne Weidegras, das diese unendliche Zahl von Hügeln bedeckt, ist die *maciega,* das Lieblingsnahrungsmittel des Viehs.«

»So ist es, Doktor«, stimmte Pacho Marín zu, der getriebene Gutsverwalter, der an dem Handel beteiligt war.

Mit den Augen der Fantasie, die geschlossen sind, sah Papi eine vielköpfige Viehherde, Tausende, die nach seinem Dafürhalten in einer derartigen Weite Platz fänden. Es war die Versuchung auf dem Berg, und Papi, der die ausgedehnte Schönheit mit der konservativen Lage verknüpfte, erlag ihr, im Gegensatz zu Jesus. Sie kehrten in gestrecktem Galopp in das Dorf zurück, um die notariellen Urkunden zu unterzeichnen. Das Gut entpuppte sich als Furie, als Wildwuchs, der aus dem Hinterhalt angriff. In der kurzen Zeit, in der ein Landarbeiter mit der Hacke ein Unkraut aus dem Boden riss, warf sich von hinten eine Liane über ihn und wickelte ihn fest ein. Das grüne Weidegras, von dem Papi das Panorama unserer Zukunft bedeckt sah, war kein solches: Es war Unkraut, die *maciega,* das perverseste und zäheste Gewächs, das die verdammte Erde in ihrer Tollheit geboren hat. Das Vieh fraß es nicht; es wich ihm mit Entsetzen aus, ohne zu wissen, wohin es flüchten sollte. Als wäre es ein diabolischer Salamander, war das Feuer sein Element. Kaum war der Brand an der einen Stelle erloschen, tauchte die wuchernde *maciega* an der anderen auf. Und vergeblich war der Versuch, sie mit der Hacke auszureißen. Hundert Landarbeiter schickte mein armer Vater aus, um eine Anhöhe zu jäten. Als sie ihr bei Sonnenuntergang den Rücken zuwandten, um nach Hause zurückzukehren, richtete das Gestrüpp sich unter schallendem Lachen wieder auf. Mein Vater taufte sein neues Gut auf einen erhabenen Namen: *La Esperanza,* Die Hoffnung.

Vier Stunden langweilige, staubige Straße trennten Medellín von San Carlos, glückliches Vorspiel einer weiteren Stunde, die es auf Maultierrücken bis zu unserer von *maciega* überwucherten Fata Morgana dauerte. Nach der einen oder anderen Panne, unfehlbar die Pannen, kamen wir in der Abenddämmerung ins Dorf, wo eine Herde Maultiere uns erwartete, denn für den elenden Weg nach *La Esperanza* war das Pferd ein untaugliches Tier. Mit langsamem Schritt und sicherem Instinkt rückten die bescheidenen Maultiere mit ihren ungeschickten städtischen Reitern vor, hinauf und hinunter auf Berghängen mit rutschigen Steinen oder durch Sümpfe hindurch. In einem davon landete Aníbal, kopfüber, um unter dem Bauch des Maultiers zu ertrinken, von wo ihn mein gesegneter Vater herauszerren konnte, wodurch er ihn vor einer Reise bewahrte, die ihn angesichts seines zarten Kindesalters direkt in den Himmel geführt hätte. Danach sahen sie wie das Sumpfungeheuer aus. Schlangen schlüpften zwischen den Hufen der Reittiere davon, mit den einschmeichelnden Schellenklängen der Klapperschlange oder mit Peitschensirren. Die Gegend war eine Schlangenfarm, und das Stärkste, was es in der Dorfapotheke gab, waren Arnika und Aspirin. Wen sie in den Fuß bissen, der stürzte Branntwein hinunter, holte die Machete hervor und schnitt sich den Fuß ab. Regneten sie ihm von den Zweigen herab und bissen ihn in die Hand, schnitt er sich die Hand ab; wenn in den Kopf, dann den Kopf. Was zählte, war überleben. Immer brach unterwegs die Dunkelheit über uns herein. Dann ging die Feldflasche mit Branntwein von Hand zu Hand, um die Gefahren zu bannen.

Es musste nur noch der Fluss, der San Carlos, überquert werden, um auf den Grund und Boden von *La Esperanza* zu gelangen. Doch was für ein Fluss! Einen wilderen Kerl habe ich nicht gesehen, und dabei habe ich Umgang mit dem Tonusco gehabt. Zum Glück war er konservativ. Er tobte mit dem Ungestüm von hunderttausend Kilowattstunden dahin, bleich vor Schaum und Wut, schlug Funken aus der Nacht. Was macht es schon, wenn der Mond nicht scheint! Weiß sah man in der Dunkelheit die Anakonda ... Die Maultiere, die im Gegensatz zu den Menschen wissen, wohin sie den Fuß setzen können, wichen zum Glück mit vorsorglichem Instinkt seinen tausend verräterischen Unterwasserströmungen, den infernalischen Strudeln aus. Wir, an die Mähne, an das Halfter geklammert, ruderten, hin und her geschüttelt, und boten ein Bild des Jammers. Das Maultier rettete uns in einem großen Ruck auf das andere Ufer, und wir ließen uns pitschnass und sumpfig zu Boden gleiten. Dann brach unbarmherzig der Platzregen los. Die Blitze erleuchteten das Haus am Ende des Weges.

»Wie war die Reise, Doktor?«, fragte Pacho Marín, der Gutsverwalter, den der alte Besitzer uns überlassen hatte, übertrieben höflich zur Begrüßung.

Er erwartete uns, der Wahrheit sei Ehre gegeben, mit einem herrlichen, dampfenden Hühnereintopf. Erleuchtet von Talglichtern, umflatterten uns die Schmetterlinge. Der eine oder andere fiel in die heiße Suppe: als Gewürz. Hühnereintopf mit Schmetterling in einem großen irdenen Napf habe ich nicht mal in Paris gegessen. Und dann, wenn es nicht mehr besonders nötig war, kam der Mond hervor. Und welche Stadt, welches Dorf, welche Landschaft ist mit Mond nicht schön? Das trügerische Gestirn bewirkte, dass uns das Panorama herrlich erschien. *La Esperanza* würde uns zu Millionären machen. Wer konnte daran zweifeln in einer solchen Nacht mit vollem

Bauch und reichlich Branntwein? Die Irrlichter riefen uns von den Bananenstauden her: Hier ist das Grab. Und das sagt ihr uns!

Ein Problem hatte das Gut in San Carlos, und das waren die Wanzen. Es beißt die Wanze, und das Jucken dauert ein Jahr. Die in San Carlos waren der deutliche Beweis einer Göttlichen Vorsehung, die das kleine Wesen mit Vernunft begabt hatte. Da wir die Bettfüße mit Benzin und Gift einrieben, damit sie nicht hinaufkletterten, kletterten sie die Wände hoch, überquerten die Decke und ließen sich auf der Höhe des Bettes herunterfallen. Sie landeten auf dem armen, von Müdigkeit und Branntwein überwältigten Opfer und hinterließen ihm den Juckreiz als Erinnerung für ein ganzes Jahr.

Das Gut hatte noch ein weiteres Problem, und man kann es sagen, da es mittlerweile verkauft ist. Pacho Marín und seine Verwandtschaft. Sie waren fruchtbar wie der Biber, Hunderte, Brüder und Vettern zusammengenommen, und überfluteten den Landstrich. Konservativ, das ja, aber von konservativer Gerissenheit, die mit liberaler Verschlagenheit vermischt war. Was *La Esperanza* erzeugte, war für sie: die Banane, für sie; die Yuca, für sie; der Rohrzucker, den man in der von Maultieren angetriebenen Zuckermühle gewann, für sie. Und was sie nicht aßen, war für ihre Schweine. Aus Medellín musste man ihnen jede Woche mitbringen: Salz, Zucker, Mehl, Bohnen, Kartoffeln, Kerzen, Seife, Petroleum, Stricke, Streichhölzer, Angelhaken, Mais … Im Austausch für gute Nachrichten: die hübsche große Färse, angeblich vom Blitz getroffen; das kastrierte Stierkalb, vom Fluss mitgerissen; die sterile Kuh, in einer Schlucht verendet, wo sie steckengeblieben war; das Schweinchen, das Ihnen gehört, das magere, verlorengegangen; die wunderschöne Stute, eine Schlange hat sie totgebissen … Heute verflüchtigte sich eine Tonne Dieselöl, das für die elektrische Anlage bestimmt war, morgen schrumpfte ein

Kilometer Draht für die Einzäunung der Weiden zusammen. Darlehen, Tageslöhne, Weihnachtsprämien, Kleidung für die Karwoche, Geburtstage, Geschenke und das Gut ein einziges Desaster, denn »mit der *maciega* wird niemand fertig«. Die Familie Marín repräsentierte den kolumbianischen Bauern: das Grab der Hoffnungen, der Tod von *La Esperanza.* Mein Freund, machen Sie bitte keine Revolution für den kolumbianischen Bauern, denn er wird Ihnen die Tour vermasseln. Lassen Sie ihn, wie er ist, es geht ihm mehr als gut. Er wird immer einen dummen Patron finden, der das Land zur Verfügung stellt und für ihn arbeitet.

Eines schönen sonnigen Tages ritt Papi zusammen mit einem Gutsbesitzer, der ein Neuling war und den vornehmen Herrn markierte, den schmalen Weg auf die höchste Erhebung hinauf.

»So weit Ihre Augen reichen, Doktor«, sagte er, während er ihm von oben das Panorama zeigte, »das alles ist das Gut. Das grüne Weidegras, das diese unendliche Zahl von Hügeln bedeckt, ist die *maciega,* das Lieblingsnahrungsmittel des Viehs.«

»So ist es, Doktor«, stimmte Pacho Marín zu, der Gutsverwalter, der an dem Handel beteiligt war.

Sie verkauften ihm das Gut. Sie ritten in gestrecktem Galopp ins Dorf, um die notariellen Urkunden zu unterschreiben.

Der Besuch von El Gaviero, dem Abenteurer

Álvaro Mutis

Sein Äußeres war völlig verändert. Nicht, dass er etwa älter aussah oder zermürbt durch die Jahre und das raue Klima. So lange konnte er nicht weg gewesen sein. Es lag an etwas anderem. Etwas, das sein Blick verriet, der halb ausweichend, halb müde schien. Etwas an seinen Schultern, die jeglichen Ausdruck der Bewegung verloren hatten und steif waren, als müssten sie nicht mehr das Gewicht der Jahre tragen, den Sporn der Freuden und Niederlagen aushalten. Die Stimme war hörbar erloschen und klang neutral und belegt. Es war die Stimme eines Menschen, der spricht, weil ihm das Schweigen der anderen unerträglich wäre.

Er brachte einen Schaukelstuhl auf die Terrasse, von wo aus man auf die Kaffeepflanzungen am Flussufer blickte. Er ließ sich in erwartungsvoller Haltung auf ihm nieder, als ob die nächtliche Brise, die nicht lange auf sich warten lassen würde, sein tiefes, aber unbestimmtes Unglück erleichtern könnte. Die Strömung schlug gegen die großen Steine, begleitete aus der Ferne seine Worte und gab der monotonen Wiederholung seiner Geschichten eine gedämpfte Fröhlichkeit. Er brachte die immer gleichen Themen nun auf so teilnahmslose und eintönige Art und Weise vor, die ihn als hoffnungslos Besiegten und als Geisel des Nichts verriet.

»Ich verkaufte Frauenkleider an der Furt des Guásimoflusses. Dort kamen an den Feiertagen die Frauen vom Páramo vorbei, und da sie den Fluss zu Fuß überqueren mussten und ihre Kleider nass wurden, auch wenn sie sich diese bis zur Hüfte rafften, so kauften sie mir am Ende doch immer etwas ab, um nicht in diesem Aufzug ins Dorf gehen zu müssen.

Früher hätten mich diese braunen, kräftigen Schenkel, diese runden und festen Hintern und Bäuche, die einer Taubenbrust glichen, in eine unerträgliche Erregung versetzt. Ich verließ den Ort, als ein eifersüchtiger Bruder mit der Machete auf mich losging, weil er glaubte, dass ich gerade mit einem lächelnden, grünäugigen Mädchen anbändelte, der ich einen geblümten Baumwollüberrock anprobierte. Sie konnte ihm noch rechtzeitig Einhalt gebieten. Ein plötzlicher Ärger brachte mich dazu, die Ware in wenigen Stunden total zu verkaufen und für immer den Ort zu verlassen.

Zu der Zeit lebte ich einige Monate in einem Eisenbahnwagen, den man am Rande einer Straße hatte stehen lassen, die schließlich doch nicht gebaut wurde. Ich erzählte Ihnen schon einmal davon. Das ist aber unwichtig.

Damals veranstaltete ich einen Tag mit Predigten und Hallelujas am Ausgang der Raffinerien des Río Mayor. Ich verkündete die Ankunft eines neuen Gottesreiches, in dem Sünden und Strafen genau gegeneinander aufgerechnet würden, sodass auf uns zu jeder Tages- und Nachtzeit ein unglaublicher Schrecken oder ein kurzes, wenn auch intensives Glück warten kann. Ich verkaufte kleine Blätter, bedruckt mit den *Litaneien des guten Sterbens,* die das Wesentliche dieser Lehre enthielten. Ich habe sie schon fast alle vergessen, obgleich ich mich in Träumen manchmal an drei dieser Anrufungen erinnere:

Schiene des Lebens, lass ab von deinem Groll.
Wasserauge, sammle die Schatten ein.
Engel des Schmutzes, stutze deine Flügel.

Manchmal überkommen mich Zweifel, ob diese Sentenzen wirklich Teil der Litaneien waren oder ob sie nicht vielmehr einem meiner üblichen düsteren Träume entsprangen. Nun, es ist nicht der Moment, das zu ergründen, und es interessiert mich auch nicht im Geringsten.«

Der Gaviero unterbrach unvermittelt die Erzählung seiner heiklen Abenteuer und stürzte sich in einen langen, weitschweifigen, absichtslosen Monolog, den ich aber wortgetreu, wenn auch mit leichtem, unerklärlichem Unbehagen in Erinnerung behalten habe:

»Schließlich haben all diese Erfahrungen, Begegnungen und Orte aufgehört, der wirkliche Kern meines Lebens zu sein, sodass ich nicht mehr weiß, welche ein reines Produkt meiner Fantasie sind und welche auf wahren Erlebnissen beruhen. Auf diese Weise und mit ihrer Hilfe versuche ich vergeblich, einigen Wahnvorstellungen zu entfliehen, die tatsächlich hartnäckig sind, wirklich und wahrhaftig. Sie schürzen den letzten Knoten, das offensichtliche Schicksal meines Weges durch die Welt. Es ist nicht einfach, sie herauszufinden und beim Namen zu nennen, aber es wären ungefähr Folgende:

Einen Glückszustand durchlaufen, der an gewisse Tage der Kindheit erinnert, im Tausch gegen die Einwilligung in ein verkürztes Leben.

Die Einsamkeit verlängern, ohne die Furcht vor der Begegnung mit dem, der wir in Wahrheit sind, vor der Begegnung mit dem, der mit uns spricht und sich verbirgt, um uns nicht in ein auswegloses Entsetzen zu tauchen.

Erkennen, dass keiner dem Anderen zuhört. Niemand etwas vom Anderen weiß. Dass das Wort an sich schon ein Betrug ist, eine Falle, die das notdürftige Gerüst unserer Träume und Wahrheiten verhüllt, maskiert und vergräbt, die alle unter dem Zeichen des Unsagbaren stehen.

Vor allem lernen, der Erinnerung zu misstrauen. Was wir zu erinnern glauben, ist weit entfernt von dem, was wirklich geschah. Wie viele Augenblicke eines peinlichen und verwirrenden Überdrusses erscheinen dem Gedächtnis Jahre später als Augenblicke strahlenden Glücks. Die Nostalgie ist die Lüge, dank deren wir uns dem Tod rascher nähern. Ohne Erinnerung zu leben ist vielleicht das Geheimnis der Götter.

Wenn ich mein Wanderleben zwischen Gebirge und Tiefland, mein Scheitern, meine kindischen Träume und heimlichen Orgien immer wieder beschreibe, so nur deshalb, um zwei oder drei bestialische Schreie, ein herzzerreißendes Stöhnen, das wie aus einer Höhle hervorzubrechen scheint, gleichsam in der Luft festzuhalten, obschon ich damit viel deutlicher sagen könnte, was ich wirklich fühle und bin. Aber genug, ich schweife ab, und dazu bin ich nicht hier.«

Seine Blicke gewannen eine bleierne Starre, als ob sie an einer dicken Mauer ungeheuren Ausmaßes hingen. Seine Unterlippe zitterte leicht. Er verschränkte die Arme über der Brust und begann langsam zu schaukeln, als täte er es im Rhythmus des raunenden Flusses. Ein Geruch von frischer Tonerde, ausgelaugten Pflanzen und verfaulten Baumsäften sagte uns, dass die Flut kam. Der Gaviero blieb lange Zeit still, bis die Nacht heraufzog mit jener berauschenden Finsternis, mit der sie in den Tropen einbricht. Unerschrockene Leuchtkäfer tanzten in der lauen Stille der Kaffeepflanzen. Erneut begann er zu sprechen und verlor sich in Gedankengängen, deren Sinn mir immer stärker entglitt, je tiefer er in die dunkelsten Bereiche seiner Seele eindrang. Dann kehrte er auf einmal wieder zu Erlebnissen der Vergangenheit zurück, sodass ich den Faden seines Monologs wieder aufgreifen konnte:

»Das Leben hat mir wenig Überraschungen beschert«,

sagte er, »und keine ist es wert, erzählt zu werden, aber für mich besitzt jede die finstere Kraft einer Sturmglocke. Eines Morgens, während ich mich im verwahrlosten Zimmer eines elenden Bordells in einem Flusshafen in der sengenden Hitze anzog, stieß ich auf das Foto meines Vaters, das dort an der Holzwand hing. Es zeigte ihn in einem Schaukelstuhl aus Korbweiden, in der Vorhalle eines weißen Hotels in der Karibik. Meine Mutter hatte es immer auf ihrem Nachttisch stehen und bewahrte es auch in der langen Zeit ihres Witwendaseins an dem gleichen Platz auf. ›Wer ist das?‹, fragte ich die Frau, mit der ich die Nacht verbracht hatte und an der ich erst jetzt das liederliche Chaos ihres Fleisches und die Gemeinheit ihrer Gesichtszüge wahrnahm. ›Es ist mein Vater‹, antwortete sie mit einem schüchternen Lächeln, das ihren zahnlosen Mund enthüllte, während sie ihre wohlbeleibte Nacktheit unter einem nassgeschwitzten dünnen Betttuch verbarg. ›Ich habe ihn nie kennengelernt, aber meine Mutter, die auch hier gearbeitet hat, erinnerte sich gut an ihn und bewahrte sogar einige Briefe von ihm auf, als ob diese sie für immer jung erhalten würden.‹ Ich zog mich vollends an und verschwand in die breite und staubige Straße, auf die schon die Sonne brannte und die sich mit lärmenden Radios, dem Geklapper von Tellern und Bestecken füllte. Die Cafés und Tavernen belebten sich mit der üblichen Kundschaft von Fernfahrern, Viehhändlern und Soldaten des Militärflughafens. Ich dachte mit ohnmächtiger Trauer, dass ich ausgerechnet diese Straße des Lebens nie hätte überqueren sollen. Pech!

Ein anderes Mal landete ich in einem Krankenhaus im Amazonasgebiet, um einen Malariaanfall auszukurieren, der mir allmählich die Kräfte raubte und mich ständigen Fieberträumen aussetzte. Die Hitze in der Nacht war unerträglich. Aber sie riss mich gleichzeitig aus diesen rasenden Schwindelanfällen, bei denen irgendein idiotischer Satz oder der Tonfall einer Stimme, die ich unmöglich identifizieren konnte, im Mittelpunkt standen, um die das Fieber kreiste, bis mir alle Knochen schmerzten. Neben mir lag ein Geschäftsmann, den eine giftige Spinne gestochen hatte, und fächelte die schwarze Pustel, die seine ganze linke Körperseite bedeckte. ›Sie heilt schon‹, verkündete er mit freudiger Stimme. ›Sie heilt schon, und ich werde bald hier herauskommen, um das Geschäft abzuschließen. Ich werde so reich sein, dass ich mich nie mehr an dieses Krankenhaus oder diesen beschissenen Urwald zu erinnern brauche, der nur für Affen und Kaimane taugt.‹ Das Geschäft hatte etwas zu tun mit dem komplizierten Handel mit Ersatzteilen für die Wasserflugzeuge, die das Gebiet dank besonderer Lizenzen der Armee anfliegen konnten, die sie von Zollaufsicht und Steuern befreiten. So etwa habe ich es jedenfalls im Gedächtnis behalten, denn der Mann neben mir verlor sich nächtelang in die winzigsten Einzelheiten der Sache, die ich nach und nach in die Fieberträume der Malariakrise einbaute. In der Morgendämmerung gelang es mir dann endlich einzuschlafen, aber immer nur belagert von Schmerz und Panik, die mich bis in die späte Nacht hinein begleiteten. ›Schauen Sie, hier sind die Papiere. Die werden alle reinfallen. Sie werden schon sehen. Morgen werde ich sicher herauskommen.‹ Das sagte er mir eines Nachts und wiederholte es mit wütender Beharrlichkeit, während er eine Hand voll blauer und rosafarbener Papiere voller Stempel und Aufschriften in drei verschiedenen Sprachen in der Luft schwenkte. Das Letzte, was ich von ihm hörte, bevor ich in einen tiefen Fieberrausch fiel, war: ›Ach, welch eine Erholung, was für ein Glück. Die Scheiße ist endlich vorbei.‹ Der Knall eines Schusses, dessen Klang mir das Ende der Welt anzukündigen schien, weckte mich auf. Ich drehte mich nach meinem Nachbarn um: Sein Kopf, von der Kugel zerschmettert, zitterte noch wie eine schwammige Frucht, die verwest. Man brachte mich in einen anderen Raum, und dort schwebte ich zwischen Leben und Tod bis zur Regenzeit, deren frische Brise mir neues Leben einflößte.«

Er stand auf und gab mir die Hand mit der etwas feierlichen und militärischen Haltung, die ihm eigen war. Bevor ich noch darauf bestehen konnte, dass er die Nacht hier verbringt und erst in der Morgendämmerung die Reise flussabwärts antritt, war er schon zwischen den Kaffeepflanzen verschwunden und pfiff ein altes, ziemlich kitschiges Lied vor sich hin, das unsere Jugend verklärt hatte. Ich blätterte seine Papiere durch und fand darunter eine ganze Reihe Spuren seines vergangenen Lebens, die er niemals erwähnt hatte. Damit war ich beschäftigt, als ich dort unten den Widerhall seiner Schritte auf der Brücke hörte, die über den Fluss geht, und das Echo, das das Zinkdach zurückwarf. Ich spürte, dass er fort war, und begann, mir seine Stimme und seine Gesten in Erinnerung zu rufen. Die Verwandlung, die ich an ihnen so deutlich wahrgenommen hatte, erschien mir in diesem Augenblick wie ein unheilvoller Fingerzeig, dass ich ihn niemals wiedersehen würde.

Arztsein in Medellín

Tomás González

Eladio war daran gewöhnt, dass ihn die Patienten nachts weckten. Er tastete im Dunkeln nach dem Rezeptblock und dem Kugelschreiber. Er schlief neben einem Fenster, das auf die Straße hinaus zeigte, und ließ stets eine Klappe offen, durch die – wie in einem Beichtstuhl – seit mehr als dreißig Jahren, Nacht für Nacht, Stimmen zu ihm sprachen, die Stimmen von Leuten, die im Dunkeln standen und oft anonym blieben, Stimmen menschlichen Leids. Und durch diese Klappe reichte der Arzt die Rezepte, die er ausstellte, ohne das Licht einzuschalten.

»Er muss sich erbrechen, sagst du?«, fragte er mit seinem tiefen Bass.

»Seit vorgestern, Doktor Restrepo, und es stinkt, und in seinem Bauch kollert es«, sagte die Stimme einer jungen Frau. »Koliken?«

»Schreckliche!«

»Und warum bist du nicht früher gekommen?«

»Wir wohnen so weit weg.«

»Wozu soll ich dir ein Rezept geben! Der platzt bald vor lauter Scheiße. Bringt ihn so schnell wie möglich ins Spital und lasst ihn operieren, sonst stirbt er euch weg.«

Er schlief wieder ein und träumte, dass er und Rosalía,

seine verstorbene Frau, auf der Weide ihres Landhauses am Berg einen großen Haufen Farnkraut anzündeten. Dann war vor der Klappe die Stimme eines Mannes zu hören, der sagte, sein Bruder habe wieder getrunken und schreie wie am Spieß, weil er den Todesengel mit einer dunklen Sonnenbrille vor der Tür stehen sehe.

»Er lässt keinen schlafen und tut sich noch was an, Herr Doktor.«

Eladio stellte das Rezept aus (dreihundert Milligramm Chlorpromazin), reichte es durch die Klappe und schloss wieder die Augen. Die Flammen der lodernden Farne vereinigten sich mit der Glut des Sonnenuntergangs in den Bergen, und die Welt war ein einziges Leuchten. Dann Pachos Stimme, es sei so weit, die Kuh habe angefangen zu kalben.

Der Arzt wusste schon, dass das Kalb ungewöhnlich groß war und verkehrt herum lag. Kurz nach drei Uhr früh. Pacho richtete die Taschenlampe auf die Kuh, Horacio stand mit wirrem Haar dabei und rauchte, und Margarita und Carlina starrten die Kuh an, die im Lichtkegel auf dem Boden lag. Die Luft roch nach den Orangenblüten, die an den Bäumen im Mondschein glänzten. Am Himmel waren noch keine Anzeichen des bevorstehenden Gewitters zu erkennen. Die starken Wehen, sagte Horacio, hätten vor zwei Stunden eingesetzt, sie dauerten dreißig Sekunden und kämen alle zwanzig Minuten. Horacio sah schlecht aus. Die Uhr des organischen Lebens geht nicht gleichmäßig, dachte der Arzt.

»Gib mir mal die Lampe, Pacho.«

Die Kuh hatte gerade eine Wehe hinter sich und kaute. Von den grauenhaften Schmerzen, die sie eben durchgemacht hatte, war nichts zurückgeblieben, und von den noch schlimmeren Schmerzen, die sie in fünf Minuten mit vor Angst hervortretenden Augen auf die Beine bringen sollten, wusste sie noch nichts. Sie kaute nur; der Genuss des saftigen Grases war so groß, dass sie sich ihm mit halb geschlossenen Augen hingab. Er ist doch ein mitleidiger Gott, dachte der Arzt. Nur wir, die nackten Affen, werden von der Erinnerung, von der Glut der Vorstellungskraft bei lebendigem Leib geröstet. Der Arzt betrachtete die Vulva, die im Lichtstrahl der Lampe glänzte wie eine pralle Flamingoblume.

»Das wird noch lange dauern, Herrschaften.«

Gegen sechs Uhr sangen die Vögel, aber die Sonne kam nicht heraus. Am Himmel ballten sich die Wolken. Der Arzt war nach Hause zurückgekehrt und hatte noch zwei Stunden geschlafen, als wieder eine Frauenstimme sagte, er möge rasch kommen, der Mutter ginge es schlecht.

»Und du bist… ?«

»Adriana, eine von Liliáns Töchtern.«

Strahlende grüne Augen, das war Lilián, ein helles, offenes Lachen, wie Glockengeläut, und der Duft von Jambusen. Der Arzt hatte sie lange nicht mehr gesehen. Als er sie kennenlernte, vor dreißig Jahren, ging sie mit Rosalía ins Lehrerseminar. Sie heiratete Próspero Mejía, einen guten Kerl, der sie sehr liebte, der aber den Hinterhof mit Käfigen seiner Kampfhähne vollstellte.

»Ihre Nägel sind schon ganz blau, Herr Doktor«, sagte Liliáns Tochter.

Horacio hatte von Próspero ein paar venezianische Möbel gekauft, die aus Liliáns Familie stammten, noch von den Urgroßeltern her. Wie alles Geld, das Próspero in die Finger bekam, verschwand auch dieses zwischen Flügelschlagen und Sporenhieben auf dem Hahnenkampfplatz. Er war mit Álvaro befreundet, der ebenfalls gern zu den Hahnenkämpfen ging; das wusste aber fast niemand. Was sich doch alles hinter Wortkargheit verbirgt!, dachte der Arzt. Álvaro hatte sich ein Limit für seine Wetten gesetzt und trug seine Verluste peinlich genau in ein Kontobuch ein, das er im Tresor seines Büros aufbewahrte. Eines Tages hatte er es ihm gezeigt. Auf der ersten Seite stand: »Hähne, IX.«.

Eladio hatte noch nicht zum Himmel gesehen, aber er wusste, dass da dicke Gewitterwolken hingen. Jedes Mal, wenn sich bei Lilián das Asthma meldete, stand ein Unwetter bevor. Der Anfall wurde durch die rapide Senkung des Luftdrucks ausgelöst; dies war der zweite Fall, den er im Lauf seines Arztlebens kennengelernt hatte. Andere erstickten am Duft der Lilien, an der Stimme der Schwiegermutter oder an Sesambonbons.

Der hoch gewachsene, asketisch wirkende Arzt machte sich, schwarz gekleidet wie immer, auf den Weg. Er sah ganz winzig und schutzlos aus, wie er da mit seinem schwarzen Köfferchen unter den sich auftürmenden Wolken, die ein Gewitter von biblischen Ausmaßen verhießen, auf Liliáns Haus zuschritt. Ganz klein wurden die Kirche, die Wollbäume auf dem Platz und die Tauben, die am schwarzen Himmel kreisten.

Er betrat Liliáns Haus und sog die Luft ein. Da war wieder der Duft von Jambusen, ein starker Geruch, der die Erinnerung weckte, aber eben nur die Erinnerung. (Du sollst nicht begehren deines Nächsten Weib.) Im Hinterhof krähten die Hähne, als versuchte jeder, die anderen zu übertönen und der Welt den endgültigen Hahnenschrei zu verkünden, den einzig wahren. Liliáns Nägel und Ohren waren wirklich schon blau. Die Atemwege hatten sich mit Schleim angefüllt und wiesen alle Symptome einer Kohlendioxyd-Nekrose auf. Sie bekam kaum noch Luft. Pulsus paradoxus: 30 mm Hg. Obwohl sie nach dem Erstickungsanfall benommen war, erkannte sie den Arzt sofort.

»Wie geht es dir, Restrepo?«, fragte sie schwach.

»Sprich nicht, solange du so blau bist. Das tut dir nicht gut.«

Der Arzt injizierte ihr dreihundert Milligramm Hydrokortison und ging telefonieren. Im Hinterhof zeterten die Hähne. Auf der Veranda des Patio saßen die Kinder auf den Schaukelstühlen und unterhielten sich leise. Prospero war tags zuvor mit dem Zelt an den Nare-Fluss gefahren, um zu fischen. Eladio rief im Krankenhaus an und alarmierte die Notaufnahme. Die Gewitterwolken wurden immer dunkler, und man musste in den Zimmern das Licht einschalten.

»Wenn sie in einer halben Stunde nicht auf das Mittel anspricht, muss sie sofort ins Spital, an den Tropf«, sagte der Arzt zu den Kindern. »Ich habe für alle Fälle die Ambulanz bestellt.«

Dann rief er bei Horacio an und sprach mit Margarita. Sie sagte, Horacio habe über Magenschmerzen geklagt. Margarita war ins Haus gegangen, weil sie nicht länger mitansehen konnte, wie die Kuh litt, aber Horacio war mit Pacho draußen geblieben. »Ich gebe ihn dir gleich«, sagte sie und ging ihn holen.

Horacio sagte, die Wehen der Kuh dauerten jetzt fast anderthalb Minuten und kämen in einem Abstand von zehn Minuten. Ein Donnergrollen übertönte den letzten Teil seiner Worte. Als es verebbte, war seine Stimme wieder zu hören: »… als sei sie vergiftet, Pacho Luis, sie krümmt sich, als würden ihr die Eingeweide rausgerissen.« Was hast du denn erwartet, nachdem du dieses Ungeheuer auf sie losgelassen hast, hätte ihm der Arzt am liebsten geantwortet. Das Kalb ist ja beinahe so groß wie die Mutter – wie soll es da durch die enge Öffnung … Aber er sagte nichts, denn er wusste, dass es zwecklos gewesen wäre. Im Hinterhof krähten die Hähne wie verrückt. Ich sollte ihn zum Elektrokardiogramm bestellen, dachte er, aber das würde ihm einen solchen Schreck einjagen, dass es ihm womöglich den Rest gäbe. Er sagte, er werde in einer halben Stunde dort sein.

Er legte den Hörer auf, da grollte der nächste Donner heran, so tief, als käme er aus dem Innern der Erde; in Liliáns Haus klirrten die bunten Scheiben der Windfangtür. Dann ein greller Blitz, dessen metallisches Licht bis in den letzten Winkel drang. Eine von Liliáns Töchtern sagte: »Heilige Jungfrau vom Carmel«, worauf das elektrische Licht erlosch. Tauben-eiergroße Regentropfen fielen auf die Azaleen im Patio und die Mangobäume des Hinterhofs. Wie vor der Stimme Gottes verstummte das angeberische Krähen der Junghähne. Eladio, der nicht gefrühstückt hatte, ging in die Speisekammer, brach eine Banane aus einem der Büschel, die von der Decke hingen, und kaute sie langsam im Halbdunkel der Küche. Der Krankenwagen stand schon vor der Tür. Zwei weitere Blitze flackerten auf und tauchten die Welt in Quecksilber. Es läutete an der Tür, vor der die Stimme eines Jungen zu hören war, der den Arzt verlangte. Eladio öffnete, ein Blitz schlug in der Nähe ein, die Wolken brachen auf, und das elektrische Licht ging wieder an.

Vor der Tür stand unter einem Regenschirm ein etwa achtjähriger Junge und sagte, im »Añoranzas« sei jemand niedergestochen worden.

»Du, ich bin gerade beschäftigt. Warum holt ihr nicht Doktor Mesa«, sagte Eladio.

Das Wasser stürzte schwer aus den schwarzen Wolken und rauschte in Bächen durch die Straßen.

»Der kann nicht, Herr Doktor. Er liegt betrunken in seinem Bett.«

»Woher willst du das wissen?«

»Weil ich eben bei ihm war«, sagte der Junge.

»Steht es schlecht um ihn?«

»Um Doktor Mesa, Herr Doktor?«

»Quatsch! Um den Verletzten.«

»Er verliert sehr viel Blut, Blut verliert er«, sagte der Junge.

Das Telefon klingelte, und eine von Liliáns Töchtern rief, Horacio sei dran.

»Sei so gut und sag ihm, ich rufe zurück.«

In einer stinkigen Bar, bei schmalziger Tangomusik, die nach Eladios Ansicht für sich selbst sprach, saß der Verletzte und blutete und trank Bier. Seine Ohren waren bereits kreideweiß. Er hatte einen Messerstich ins Bein bekommen, der eine Schlagader getroffen hatte, aber nicht dieser Stich war es, an dem er sterben sollte. Für den Arzt gab es nichts zu tun, als das Bein abzubinden und wieder die Ambulanz zu rufen, die den Verletzten ins Spital bringen sollte, um dann rasch zu Lilián zurückzugehen.

Ihr Zustand hatte sich verschlechtert. Er rief die Männer mit der Trage herein, sie musste sofort ins Krankenhaus. Er glaubte aber nicht, dass eine Tracheotomie nötig sein würde; ein Endotrachealtubus, um den Schleim abzusaugen, eine Sauerstoffmaske, und die Frau mit den strahlend grünen Augen kehrte in diese Welt zurück. Wenn er sich ihr damals – jenes eine Mal – erklärt hätte, vielleicht hätte sie ja gesagt, niemand hätte etwas erfahren. Niemand außer ihr, ihm, Gott und dem Teufel, dachte der Arzt. Lilián war zwar schon in den Fünfzigern und noch dazu blau angelaufen, aber sie war immer noch schön und hatte immer noch diesen starken Duft. Dem Arzt war seit Langem kein solcher Asthmaanfall untergekommen – es war, als stünde er dem Asthmagott persönlich gegenüber. Rosalía dagegen hatte nach der köstlichen Erdseife gerochen, mit der sie ihr fülliges schwarzes Haar wusch. Das menschliche Herz ist unergründlich, dachte er. Der Krankenwagen fuhr blinkend und heulend durch den dichten Regen des Wolkenbruchs.

Sobald es möglich war, fuhr Eladio wieder zu Horacio hinaus. Lilián hatte gut auf die Intubation und die Sauerstoffmaske angesprochen, aber noch konnte man eine Tracheotomie nicht ganz ausschließen. Man musste abwarten.

»Leg die Stricke bereit, Pacho«, sagte Eladio im strömenden Regen. Er hatte sich einen schwarzen Regenmantel über den schwarzen Anzug gezogen. Sein Haar triefte, er kämmte es mit den Fingern nach hinten. Er trug Gummistiefel.

Pacho bereitete mit seinen harten, geschickten Händen die zwei Stricke für die Hinterbeine des Kalbs vor, denn der Kopf würde als Letztes herauskommen, wenn er überhaupt herauskam. Die hohe Luftfeuchtigkeit machte das Atmen schwer. Die Blitze schlugen in der düsteren Kordillere ein, als wollten sie sich an ihrem Rücken festkrallen. Carlina hatte sich ins Haus verzogen. Pacho und die Kuh waren dem sintflutartigen Regen voll ausgesetzt, aber beiden schien das nichts auszumachen. Horacio stand in einer Drillichjacke mit einem Damenschirm unter dem Vordach und zündete sich eine Zigarette an der anderen an.

Die Kuh stand auf und brüllte vor Schmerz. Sie ließ Wasser, kotete und stöhnte und brüllte erneut. Kot und Urin pladderten auf die Erde, die sie in den zehn Stunden, die ihr Leiden bereits währte, zerstampft hatte. Auch Elías und Álvaro waren da. Obwohl ihr Leib aufgedunsen war, trat in der Anspannung der Schmerzattacken ihr Skelett unter der Haut deutlich hervor. Elías, Álvaro und Horacio standen nebeneinander unter dem Vordach und rauchten unter ihren Schirmen, zwei schwarzen und einem geblümten. Drei Pacho-Luis mit Lungen so schwarz wie ein vom Kerzenlicht geräuchertes Kirchenschiff, dachte der Arzt. Wie oft hatten sie versucht, das Rauchen aufzugeben! Beim letzten Versuch hatten sie, alle drei mit Schaufeln bewaffnet, sechs Dutzend Päckchen Pielroja in ein tiefes Loch geworfen, das sie auf Elías' Pferdekoppel gegraben hatten. Der Arzt hatte die Zeremonie mit einer Kamera festgehalten. Der Erste, der schwach wurde, war natürlich Horacio. Drei Tage danach kam er zu Eladio und sagte: »Weißt du was, Francisco Eladio? Wer nach dem Frühstück keine Zigarette raucht, der kann sich auch gleich ins Grab legen!« Und dann knickten auch Álvaro und Elías ein, die eigentlich genauso aufpassen sollten, denn die Schwäche der Herzkranzgefäße war in der Familie erblich.

Eladio ging ins Haus, zog sich den Regenmantel und die Anzugjacke aus und krempelte die Hemdsärmel hoch, die Weste behielt er an, dann trank er den Kaffee, den Carlina ihm brachte. Schließlich zog er den Regenmantel wieder an und streifte sich einen Gummihandschuh über, der ihm fast bis zur Schulter reichte. Er trat hinaus in den strömenden Regen und grub seinen behandschuhten Arm tief in die Scheide der vor Nässe triefenden, dampfenden Kuh. Die Fruchtblase war geplatzt: er fühlte die Klauen des Kalbs und die massigen Hinterbacken, die wie ein Riegel vor dem Becken lagen.

Margarita kam, um dem Arzt auszurichten, dass jemand vom Krankenhaus am Apparat sei. Nachdem er im Inneren der Kuh die Stricke am Kalb befestigt hatte, ging er ins Haus, um den Anruf entgegenzunehmen. Eine Krankenschwester sagte, der Assistenzarzt habe sich entschieden, die Tracheotomie vorzunehmen.

»Rührt sie nicht an«, sagte Eladio. »Ich komme sofort.«

Er gab Anweisungen, wie das Kalb herauszuziehen sei, und fuhr in seinem Chevrolet durch den prasselnden Regen zum Spital. Diese jungen Ärzte haben ein Faible fürs Skalpell, dachte er. Bevor er ins Auto stieg, hatte er die mit Schlamm und Kot beschmutzten Stiefel abgestreift und saubere schwarze Halbschuhe sowie die Anzugjacke angezogen. Margarita hatte ihm Handtuch und Kamm gereicht. Sie lassen der Natur keine Zeit, sich selbst zu helfen, sie können es nicht erwarten, das Messer in die Hand zu nehmen und zu schneiden, zu amputieren, aufzuschlitzen und zuzuflicken, blind wie Mäuse und bis an die Zähne bewaffnet.

Als er ins Spital kam, ging es Lilián natürlich schon besser.

»Um ein Haar hätten wir dir die Kehle aufgeschnitten, wie einem Puter«, sagte er, und sie lächelte mit etwas festerem Blick und weniger blau angelaufenen Ohren. Der Arzt kehrte nach Hause zurück und fand, wie zu erwarten, ein überfülltes Wartezimmer vor. Der Geruch von durchnässten Menschen. Alle Stühle waren besetzt, einige Patienten standen, und sogar draußen warteten sie unter dem Vordach an der Straße, eingeschüchtert und gedemütigt von ihren Leiden und vom Regen, der ihnen auf die Schuhe und die Beine hoch spritzte. Alle sagten: «Guten Morgen, Herr Doktor«, und Eladio erwiderte:

»Wem von euch gehts am schlechtesten? Wer glaubt, dass er bis zum Nachmittag durchhält, ohne zu sterben, soll gehen und um zwei wiederkommen. Die anderen bleiben da, und ich seh zu, dass ich sie drannehmen kann.«

Blumen von María

Jorge Isaacs

An einem wunderschönen Augusttag kehrte ich zurück in das Tal meiner Geburt, mein Herz erfüllt von Liebe zu meiner Heimat. Es war der letzte Abschnitt meiner Reise, ich genoss den dufterfüllten Sommervormittag, den Ritt unter strahlend blauem Himmel. Im Osten waren kleine, golden schimmernde Wolken bei ihrer Wanderung zu erkennen – sie schienen einen Hauch von Liebe zu hinterlassen. Für mich zeichneten die Wolken das Bild einer Tänzerin in den Himmel. Im Süden war noch jener Wolkenvorhang zu erblicken, der in der Nacht zuvor die Berge bedeckt hatte. Ich ritt weiter, überquerte ein Plateau, das wie ein Teppich aus Gras wirkte, verknüpft mit Bäumen und Tieren, die gerade ihre Schlafplätze verlassen hatten und durch ein Meer von Blumen wanderten.

Meine Augen konzentrierten sich auf das, was den Reisenden normalerweise verborgen bleibt: Ein dichter Wald verdeckte die Plantagen, Eigentum der lieben Menschen, die ich sechs Jahre zuvor verlassen hatte. Selbst die schönste Klaviersonate hätte mich von dieser traumhaften Landschaft jetzt nicht ablenken können. Die Düfte, die ich einatmete, waren wie die exklusiven Kleider von »ihr«, der Gesang der namenlosen Vögel erfüllte mein Herz. Ja, die Schönheit der Natur hatte mich zum Dichter gemacht und mir die Bewunderung meiner Mitschüler eingebracht!

Wenn wir uns in einem von Licht durchfluteten Tanzlokal befinden, in dem sich harmonische Melodien mit den Gerüchen der Kleider verführerischer Frauen vermischen, und wenn wir dann einen Blick der Frau erhaschen, von der wir in unserer Jugend geträumt haben, dann steht unser Herz in Flammen. Ihre Stimme übertönt alle anderen Stimmen und Geräusche. Ihre Blumen verströmen unbekannte Essenzen, und wir verfallen in eine Art himmlischer Ekstase; unsere Stimme versagt, unsere Ohren sind taub, unsere Blicke sind nicht mehr in der Lage, ihr zu folgen. Wenn aber der Kopf sich erholt hat, kommt sie uns wieder ins Gedächtnis, ihr Blick macht uns schwindlig, das Geräusch ihrer Schritte auf dem Parkett verursacht einen Gesang, der vollkommen ist – so wie der Himmel, der Horizont, die Ebenen und die Gipfel des Cauca. Alles zum Entzücken des Betrachters.

Die Schönheiten der Schöpfung können jedoch nicht gleichzeitig betrachtet und besungen werden. Zunächst müssen sie die Seele erreichen, vom untreuen Gedächtnis in den Hintergrund geschoben.

Vor dem Sonnenuntergang erblickte ich am Berghang das Haus meiner Eltern. Unter den Blicken der Trauerweiden und Orangenbäume näherte ich mich ihm in verhaltenem Schritt. Kurz darauf sah ich das Licht, das zwischen den Bäumen das Haus beleuchtete. Tief atmete ich den Duft des Gemüsegartens ein. Dann trafen die Hufeisen meines Pferdes, Funken sprühend, auf das steinerne Pflaster des Hofes – ich war am Ziel!

Ein lauter Schrei erklang, als ich vom Pferd stieg; er kam von meiner Mutter, die auf mich zueilte, um mich zu umarmen. Während ihr Schatten mich bedeckte, versuchte ich, die Frauen zu erkennen, die ich verlassen hatte, als sie noch

Kinder waren. María stand direkt vor mir, ihre wunderschönen Augen strahlten, und ihr Gesicht errötete, als mein Arm sie berührte, ihre Taille umschlang. Ihre Augen waren feucht, trotzdem lachte sie, als ich meine Gefühle zeigte wie ein weinendes Kind, das von der Mutter zärtlich gestreichelt wird.

Um acht Uhr gingen wir ins Esszimmer, den schönsten Raum im Haus, mit Blickrichtung Osten. Von dort aus konnte man die nackten Berge und im Hintergrund den Himmel voller Sterne sehen. Ein leichter Wind brachte uns den Geruch des Gartens herüber. Er gab mir das Gefühl, von Rosen umgeben zu sein. Hinzu kam das Rauschen des Flusses, als Beitrag der Natur zu meinem Empfang.

Mein Vater saß am Kopfende des Tisches und forderte mich auf, rechts von ihm Platz zu nehmen. Meine Mutter befand sich wie immer links von ihm, meine Schwester und die Kinder saßen in gemischter Reihe, María mir gegenüber. Mein Vater, der während meiner Abwesenheit graue Haare bekommen hatte, schaute mich glücklich an, erfüllt von unübersehbarer Fröhlichkeit. Das war ein wunderbarer Anblick, wie ich ihn so nicht noch einmal erlebt habe. Meine Mutter sprach nicht viel. Aber sie war glücklicher als wir alle zusammen.

Ich sollte unbedingt das Gebäck probieren, das die Mädchen gebacken hatten. »Sie« errötete, als sie meinem liebevollen Blick begegnete. María war schüchtern, und sie schaute schnell weg, als unsere Blicke sich wieder trafen. Doch ich konnte in ihr den Glanz und die Schönheit der Frauen ihrer Art sehen und bewundern. Ihre roten, feuchten Lippen umrahmten mit unendlicher Grazie den symmetrischen Bogen ihrer Zähne. Wie meine Schwester hatte sie schöne, starke braune Haare. Sie trug zwei lange Zöpfe, einer davon mit einer Nelke geschmückt. Bekleidet war sie mit einem blauen Musselinkleid und einer Mantilla, die ihre Schultern umhüllte. Als sie den Tisch deckte, genoss ich den Anblick ihrer Arme und Hände, die gepflegt waren wie die einer Königin.

Nach dem Essen räumten die Diener den Tisch ab. Einer betete das Vaterunser, und wir ergänzten das Gebet. Danach unterhielt ich mich intensiv mit meinen Eltern. María hatte das Kind auf ihren Armen, bald schlief es auf ihrem Schoß ein. Meine Schwester folgte ihr in die Schlafräume. Alle liebten María und bemühten sich um ihre Zuneigung.

Nachdem mein Vater sich von allen für die Nacht verabschiedet hatte, wollte mir meine Mutter das Zimmer zeigen. María und meine Schwester, jetzt weniger scheu, beobachteten meine Reaktion auf alle Aufmerksamkeiten, die mir zuteil wurden.

Das Zimmer lag am Ende des Korridors und hatte nur ein Fenster. Wieder lag der Geruch von Rosen in der Luft. Auf dem Tisch stand eine Vase mit allen möglichen, für die Region typischen Blumen. Die Vorhänge des Baldachins waren mit blauen Bändern zusammengebunden. Als besondere Aufmerksamkeit meiner Mutter war das Bildnis der heiligen Jungfrau Maria, das einst meinen Altar gekrönt hatte, auf den Nachttisch gestellt worden. Einige Sessel waren neu, des Weiteren schmückten einige Landkarten und eine exquisite Badegarnitur das Zimmer.

»Was für schöne Blumen«, sagte ich, als ich den Garten und im Vordergrund die Blumenvase sah.

»Die Blumenvase war Marías Idee«, sagte meine Mutter, »sie wusste, wie sehr du Blumen liebst.«

Ich schaute »ihr« in die Augen, um mich zu bedanken. Dabei fiel mir auf, dass sie sich anstrengen musste, um meinen Blick ertragen zu können. »María«, sagte ich, »würdest du die Blumen entfernen? Über Nacht sind sie schlecht für die Gesundheit.«

»Ist das wahr?«, fragte sie, um gleich darauf fortzufahren: »Morgen bekommst du neue.« Wie süß war ihre Stimme!

»Gibt es denn so viele?«, fragte ich.

»Viele – jeden Tage neue!«

Meine Mutter verabschiedete sich. Emma gab mir die Hand. Und María lächelte mich zärtlich an. So, wie sie es als kleines Kind gemacht hatte. Sie war die Liebe meiner Kindheit, die jetzt so lebendig war wie eine Madonna von Rafael.

Nachdem drei Tage vergangen waren, lud mein Vater mich ein, sein Landgut im *Valle* zu besichtigen. Ich musste ihm die Freude machen, oder anders gesagt, ich war sehr daran interessiert, sein Eigentum kennenzulernen.

Mutter bestand wie immer auf unserer baldigen Rückkehr. Meine Schwester war traurig – anders als sie, María. Sie sagte nicht, dass ich noch in dieser Woche zurückkommen sollte. Aber sie beobachtete ununterbrochen, wie ich meine Reisevorbereitungen traf.

Während meiner Abwesenheit hatte mein Vater ein Vermögen geschaffen. Er besaß eine sehr teure und gut ausgestattete Zuckerfabrik, sämtliche Ländereien, auf denen die Rohstoffe, wie zum Beispiel Zuckerrohr, für die Fabrik produziert wurden, und ein umfangreiches Weidegebiet mit verschiedenen Arten von Vieh. Mitten im Landgut befand sich ein luxuriöses Haus, sein Domizil in der »Tierra Caliente«.

Die Sklaven waren bestens gekleidet und, soweit es möglich war, zufrieden mit der Arbeit und ihrem Herrn treu.

Ich begegnete Männern, die ich aus meiner Kindheit kannte. Damals brachten sie mir bei, Fallen zu bauen, um kleine Tiere zu fangen. Sie und ihre Eltern empfingen mich voller Freude. Nur Pedro war nicht da, der älteste und treueste Sklave. Er weinte damals bitterlich, als ich nach Bogotá ging, und sagte: »Mein liebes Kind, ich werde dich nie wieder sehen.« Sein Herz hatte es geahnt – er starb, bevor wir zurückkehrten.

Ich konnte feststellen, dass mein Vater, obwohl er der Herr war, seine Sklaven sehr gut behandelte. Er erkundigte sich nach ihren Ehefrauen und streichelte die Kinder, ganz wie ein alter Patriarch.

Eines Tages kamen wir, kurz nach Sonnenuntergang, von den Wiesen zurück in die Fabrik. Ich begleitete Higinio, den Hausverwalter. Er sprach mit seinen Leuten über die laufenden Arbeiten und über diejenigen, die noch zu erledigen waren.

Ich war mit ganz anderen, weniger ernsten Dingen beschäftigt. Ich fühlte mich zurückversetzt in meine Kindheit: Der besondere Geruch frisch gefällter Bäume, vermischt mit dem der Mini-Ananas; das Kreischen der Papageien in den Guaven; die Spuren der Kuhhirten; die *castrueras* der Sklaven, die mit ihren Werkzeugen über der Schulter von der Arbeit kamen; der Sonnenuntergang, der durch die bewegten Zuckerrohrplantagen hindurch zu sehen war. Das alles erinnerte mich an die Nachmittage, an denen meine Schwester, María und ich, nachdem wir meiner Mutter die Erlaubnis dazu abgepresst hatten, Obst sammeln gingen. So manches Mal zogen wir uns dabei größere Verletzungen an Armen und Händen zu, weil wir unbedingt die jungen Vögel in den Plantagen beobachten wollten.

Wir trafen eine Gruppe von jungen Sklaven. Vater hatte sich uns angeschlossen und sprach einen der jungen Männer an. »Ah, Bruno«, sagte mein Vater, »ich habe gehört, dass mit deiner Hochzeit übermorgen alles in Ordnung geht.«

»Ja, mein Herr!«, antwortete Bruno und nahm den Hut ab.

»Und wer sind die Trauzeugen?«

»Doña Dolores und Don Anselmo, wenn Euer Gnaden nichts dagegen haben.«

»Nein … also gut, ich hoffe, Remigia und du, ihr seid gut vorbereitet. Hast du alles gekauft, von dem Geld, das ich dir geschickt habe?«

»Ja, mein Herr.«

»Und was wünschst du noch?«

»Na ja …«

»Ist das Zimmer, das Higinio euch zugeteilt hat, in Ordnung?«

»Ja, mein Herr, Gott segne Euch.«

»Ach ja! Jetzt weiß ich, was du willst, wieso bin ich nicht früher drauf gekommen? Was du willst, ist feiern und tanzen!«

Bruno lachte verlegen und zeigte seine schönen Zähne. Dabei drehte er sich um und schaute zu seinen Kameraden hinüber.

»Das hast du wirklich verdient«, sagte mein Vater, »du bist ein guter Arbeiter.« An Higinio gewandt, fügte er hinzu: »Sorge bitte dafür, dass alle viel Spaß haben!« Das war alles. Darauf mischte ich mich ein und sagte: »Nein, das ist nicht alles. Ich möchte, dass wir alle mitfeiern.«

Am frühen Morgen des kommenden Sonnabends heiratete Bruno seine Remigia. Abends um sieben Uhr ließen wir unsere Pferde satteln und ritten zur Feier. Schon von Weitem waren die Musik und der Lärm der Feier zu hören. Als wir ankamen, empfing uns Julian, er war sozusagen der Chef der Sklaven. Er war sehr elegant gekleidet, und wie alle Arbeiter aus der Plantage trug er eine Machete in einer Scheide, die so geschmückt war, dass man seinen Rang erkennen konnte. Julian nahm unsere Pferde entgegen, und wir gingen zu den Feiernden hinüber.

Ein Raum unseres alten Hauses war von allen Gerätschaften freigeräumt worden, um dort das Fest veranstalten zu können. Eine Holzbühne war schon aufgebaut, darum drehte sich ein halbes Dutzend Lichter. Musiker, Sänger und bunt gemischtes Volk hatten sich neugierig vor der Tür versammelt. Es gab nur zwei Panflöten, eine improvisierte Trommel, zwei *alfandoques* und zwei *panderetas,* aber die hervorragenden Stimmen der schwarzen Sänger füllten den Raum. Auf sehr melancholische Weise drückte der Gesang ihr Glück aus, und von ihren einfachen Versen wäre auch ein musikalisch nicht besonders anspruchsvoller Mensch begeistert gewesen.

Mit Reithosen und Sombreros begaben wir uns in den Raum, in dem in diesem Moment Remigia und Bruno tanzten. Sie in einem weiten Rock mit blauen Bändern und roten Röschen, dazu trug sie ein weißes Hemd mit schwarzen Bordüren sowie eine rubinrote Kette und Ohrringe aus Kristall. Sie bewegte sich voller Eleganz und Anmut, so wie es von ihr erwartet wurde. Er trug das Beste, was er besaß: Einen Poncho über der Schulter, eine edle Hose, ein frisch gebügeltes weißes Hemd und dazu einen ganz neuen *cabi blanco.* Bruno konnte mit einem unglaublichen Temperament steppen. Nach dieser Einlage ging es klassisch weiter: Man spielte einen *bambuco.* Nun war mein Vater an der Reihe, mit der Braut zu tanzen. Dabei wagte sie es nicht, den Blick zu heben, und ihre Bewegungen waren merklich zurückhaltender geworden. Etwa eine Stunde später verließen wir die Feier.

Mein Vater war sehr erfreut über meinen Besuch in den Ländereien. Aber als ich vorschlug, dass ich mich jetzt mit meiner eigenen Arbeit beteiligen könnte, lehnte er es sofort ab. Er sagte, eher wäre er bereit, sich zu opfern und weitere Arbeit zu verrichten. Er ging sogar noch weiter: Er beabsichtigte, mich nach Europa zu schicken, damit ich mein Medizinstudium dort beenden könnte. In spätestens vier Monaten sollte ich abreisen. Und wenn mein Vater etwas entschieden hatte, gab es keinen Widerspruch.

Den Rest des Weges sprachen wir nicht mehr viel. Ich wäre bedeutend glücklicher gewesen, wenn die Pläne meines Vaters anders ausgesehen hätten – und ich mich nicht von meiner María hätte trennen müssen.

Was ging in den vergangenen vier Tagen in der Seele von María vor? Sie wollte eine Lampe auf einen der Tische im Salon stellen. Ich ging auf sie zu. Ich hatte sie auf dem Familientreffen vermisst. Die Lampe zitterte in ihrer Hand. Ich bot ihr meine Hilfe an, ich war unruhiger, als ich dachte. Sie hatte dunkle Ringe unter ihren Augen. Wenn man sie nicht genau anschaute, wären diese jedoch kaum aufgefallen. Sie drehte sich um und schaute meine Mutter an, die gerade gesprochen hatte.

In einem ihrer Zöpfe trug sie eine verwelkte Nelke. Es war ohne Zweifel dieselbe, die ich ihr von meiner Reise in die Ländereien mitgebracht hatte. Auch das kleine Emailkreuz, das ich ihr geschenkt hatte, trug sie liebevoll am Hals. Nun saß sie ganz still zwischen meiner Mutter und mir.

Die Entscheidung meines Vaters bezüglich meiner Europareise ließ mich nicht ruhen. Und es blieb nicht unbemerkt, dass ich voller Trauer war. María sprach mich an: »Ist dir der Ausflug in die Ländereien nicht gut bekommen?«

»Nein«, sagte ich, »wir hatten viel Sonne und waren viel unterwegs.« Eigentlich wollte ich noch etwas sagen, aber der Klang ihrer Stimme ließ mich plötzlich verstummen. In der Stille des Augenblicks beobachtete ich sie, bis es ihr peinlich wurde. Die Starre meines Blickes war zu viel für sie.

Ich verließ den Salon, ging in mein Zimmer und schloss die Tür. Ich sah die Blumen, die sie für mich gepflückt hatte. Ich näherte mich ihnen, atmete ihren Duft ein, küsste sie. Dabei hatte ich das Gefühl, Marías Kleider zu riechen. Meine Tränen benetzten die Blumen …

Wer noch nicht vor Glück geweint hat, sollte es aus Verzweiflung über die vergangene Jugend tun. So wie in jungen Jahren kann man nie wieder lieben.

Die erste Liebe! Der edle Stolz, unsere Liebe zu fühlen, die Hingabe, mit der man auf alles verzichtet zugunsten der geliebten Frau! Die Glückseligkeit eines Tages bedeutet mehr als die Tränen eines ganzen Lebens. Durch die Liebe bekommen wir ein Geschenk Gottes, das uns durch jede Sekunde bis zum Tod begleitet. Eine Blume, die man in der Seele aufbewahrt, verwelkt nie. Der einzige Schatz, den der Neid der Menschen uns nicht rauben kann. Inspiration des Himmels. María! María! Wie ich dich geliebt habe, wie ich dich immer lieben werde!

Vor dem Quindío-Gebirge

Alexander von Humboldt

Ibagué wurde zu Anfang der Conquista auf einem Berggehänge hoch am Páramo de Quindío in wenigstens dreitausend Meter Höhe gebaut. Die dort reichen Golderze, teils in Gängen, teils Waschgold, veranlassten diesen abenteuerlichen, von allem menschlichen Verkehr entlegenen Standort. Die kriegerischen, jetzt ausgerotteten Pijaos zerstörten die Stadt zwanzig Jahre nach ihrer Gründung. Man baute Neu-Ibagué nun zwischen zwei Flüssen in der jetzigen Lage auf, aber in den nächsten dreißig Jahren zerstörten die Pijaos sie abermals, und seitdem ist die Stadt niemals wieder zu irgendeinem Flor gekommen.

Man ist *ziemlich* gewiss, dass in der Kordillere zwischen Herveo, Páramo de Ruíz, Tolima, San Juan und Quindío – vier mit ewigem Schnee bedeckten Gebirgsstöcken, nur der Herveo hat keinen bleibenden Schnee – keine wilden Indianer leben. Man sagt besser: unabhängige, nicht christianisierte Indianer. Aber die Indianer, die in den Dörfern unter spanischer Botmäßigkeit leben, treiben heimlichen Verkehr mit Indianern, die man für Überreste der Nation der Pijaos hält. Sie bringen ihnen Eisengerät, Messer und tauschen dafür Goldstaub ein. Bei dem geheimnisvollen, freimaurerischen Wesen, das allen indianischen Stämmen eigen ist, war es bisher unmöglich, von den Dorfindianern genaue Nachrichten über diese unbekannten Bergbewohner einzuziehen, und wenn man nicht das Unzugängliche dieser Andennatur mit eigenen Augen gesehen hat, scheint es schwer begreiflich, wie in einer Entfernung von zwölf bis fünfzehn Meilen, zwischen zwei bewohnten und kultivierten Tälern, unabhängige indianische Stämme existieren können. Außer der Unzugänglichkeit jener Bergregionen trägt aber auch die Sorglosigkeit der Spanier das Ihrige bei. Sie kennen die Neugierde weniger als andere Nationen. In Bogotá hat man in zwölf Meilen Entfernung die von niemandem untersuchte Gebirgsgegend des Páramo de Sumapaz. In Maipures am Orinoko sieht der Missionar alle Abende bei Sonnenuntergang den Kegelberg Culamitamini im roten Feuerglanz. Einige sagen, es sei ein Vulkan, andere sagen, es sei eine ungeheure Ablösung im Glimmerschiefer und der Berg schicke wie ein Spiegel das Bild der untergehenden Sonne zurück. Der Franziskanermönch, der dies Schauspiel fünfzehn Jahre lang aus seiner Hütte sieht, hat nie die Neugierde gehabt, sich dem Berge zu nähern. Außer dem heimlichen Verkehr der Dorfindianer mit denen an den Quellen des Río Saldaña und der Aussage einiger Kinder, die von ihren Vätern mit in jene entlegenen Bergtäler genommen wurden und nach indianischer Sitte versichern, ein Scheffel Verwandte gesehen zu haben (alle Indianer nennen sich Verwandte) – außer diesem Verkehr und dieser Aussage hat man noch andere Beweise für die Existenz jener Pijaos: Man sieht bei großen Fluten, wie den Río Saldaña Pisang- und Yuca-Stämme herabgeschwemmt werden, ein sicheres Zeichen von Menschenwohnungen an den Quellen jenes Waldstroms.

Ibagué, zwischen den Flüssen Combeima und Chipalo gelegen, zwei reißenden Bergströmen, ist ein elendes Städtchen, in dem gewiss kaum tausend Menschen leben. Sonderbar genug, dass seit der Zerstörung die Stadt sich nie hat wieder aufnehmen können. Das Klima ist lieblich, der Boden vortrefflich, das Tal unendlich freundlich und schön. Die Schuld liegt wahrscheinlich in der großen Aufnahme und unverhältnismäßigen Größe der Hauptstadt Bogotá und vielleicht in der Nähe des Quindío. Der Quindío hat hier denselben Einfluss wie der Magdalenenstrom. Man kann sich kaum ein elenderes, geldloseres Leben denken als das der Bogas (Ruderknechte) und Cargueros (Lastträger). Abwechselnd der größten Sonnenhitze und Kälte des Páramos, der Nässe fürchterlicher Gewitterregen ausgesetzt, zu wahren Lasttieren herabgewürdigt, oft mit wundem Rücken, in Gefahr, wenn sie vor Mattigkeit erkranken, im Gebirge hilflos und einsam verlassen zu werden – alles dies wiegt nicht den Genuss auf, den Hang nach einem freien, ungezwungenen, säuisch-wilden Leben zu befriedigen. Die Eltern nehmen den acht- bis neunjährigen Knaben, mit fünfzehn Pfund belastet, mit ins Gebirge. Mit dem Alter steigt die Last, und man verlässt ein Metier nicht, an das man sich so früh gewöhnt hat. Ein erwachsener Mensch trägt über den Rücken der Anden ein- bis anderthalb Zentner in sieben, acht Tagen, oft, wenn der Weg sehr böse ist, in fünfzehn Tagen. Man zahlt dem Carguero zehn bis zwölf Reales für den Viertelzentner, und da der Rückweg vier bis fünf Tage dauert, so gewinnt der Lastträger in einem Monat kaum zehn bis zwölf Pesos, von denen er gewöhnlich die Hälfte verschwelgt, ehe er die Reise antritt. In einem Land, wo es der Lasttiere so viele gibt, Mulas und Ochsen, wo Menschenarbeit so selten ist, sollte die Regierung dieses *oficio de cargueros* zu vermindern suchen, um der menschlichen Energie eine der Gesellschaft nützlichere Richtung zu geben. Dies Verändern könnte durch Anlegen und Eröffnen besserer Wege geschehen, wo belastete Menschen Höhen erklimmen, die Tiere nicht ersteigen. Aber nein, die Audiencia hat die Klagen der Cargueros erhört, dass ihr Verdienst abnehme, und die Wege zu bessern verboten.

Wir mussten eine Woche in Ibagué bleiben, weil es an Cargueros fehlte, unter denen die Pocken große Verheerungen angerichtet hatten. Die Pocken herrschen im Königreich Neu-Granada meist alle neunzehn bis zwanzig Jahre; und obgleich die Impfung immer von sehr, sehr glücklichem Effekt ist, ist sie doch wenig gebräuchlich.

Man brachte kurz hintereinander zwei Indianer ein, die Sodomie mit einer Mula getrieben und sie dazu, um bequemer zum Werk zu gelangen, halb eingegraben hatten. Sonderbar, dass in einem Lande, wo es so ungeheuer viel und unverhältnismäßig mehr Weiber von allen Farben gibt, die Mulas das Geschäft der Weiber verrichten.

Widriger als die Reise selbst ist ihre Vorbereitung. Die Gemächlichkeit der Spanier, der Hang aller Kreolen, die gewöhnlichsten Erscheinungen ins Wunderbare und Ungeheure umzuwandeln, und das Interesse der allgemeineren Menschenklasse, den Weg als übermäßig lang und gefahrvoll zu beschreiben – dies alles veranlasst endlosen unerbetenen Rat und Widersprüche. Bald rät man dazu, sich tragen zu lassen, bald zu Mulas, bald zu einem Leinwandzelt, bald, weil dieses nass sehr schwer ist, zu Blättern für den Bau der Rasthütte. Die Maultierführer sind, und dies nicht zu Unrecht, so delikat, dass sie die *petacas* (so nennt man den amerikanischen Reisekoffer, eine Art lederner Büchse) hundert Mal umpacken und wiegen lassen, damit keins der zwei Seitenstücke ein Pfund schwerer als das andere sei. Man lernt leichter Bolero tanzen, kaustisch reden, als den Quindío passieren, so scheint es in Ibagué.

Ganz anders ist die Realität. Die Reise hat für Menschen, die wie wir sechs bis neun Meilen zu Fuß gehen, Flüsse durchwaten und Monate unter Indianern in Wäldern zugebracht haben, nichts sehr Ungewöhnliches. Der Weg ist ein Wasserriss, selten steil, noch seltener von Abgründen umgeben. Er ist in verwitterten Granit eingefurcht und, da der Granit mächtige, in Ton verwitterte Feldspatlager hat, ungeheuer kotig. Die Regengüsse laufen in den Wegen zusammen und verstürzen sie mit Schlamm und Letten. Sie sind auf der Sohle meist nur acht Zoll breit, sodass man die Füße nur mit Mühe wechseln kann. Nach oben hin erweitert sich der Weg konisch, und das Gepäck streift an den Wänden. Man begreift oft nicht, wie die Mulas und unbeholfenen Ochsen sich durchwinden. Die Tiefe dieser Hohlwege *(angosturas)*, in denen man oft meilenweit in schlängelnden Windungen watet, ist zwanzig bis dreißig Fuß. Man hält sich an den Wänden, die mit Moosen bedeckt sind; denn da man auf den kleinen Dämmen geht, die zwischen den Tritten der Tiere erhaben stehen bleiben, so schwiemelt man nach rechts und links und bedarf des Halts. Verfehlt der Fuß den Damm – und bei starkem Regen ist er überschwemmt, und ein Loch läuft ins andere –, fehlt der Fuß, so hat man nicht bloß den Stiefel voll Wasser, sondern läuft auch Gefahr, das Bein zu brechen. Diese Besorgnis, die ununterbrochene Aufmerksamkeit auf den Weg und ein inneres Ratschlagen, welches Loch am tiefsten ist, notwendig macht, ist das Schlimmste des Weges und ermüdet das Gemüt. Dazu fehlen nie einige Wunden, die man sich bei dem häufigen und unvermeidlichen Hinfallen zuzieht. Bergabwärts und wenn der Weg zu breit ist, um sich an den Gehängen zu stützen, ist dieses Dammsuchen sehr gefährlich. Es ist genau, als spaziere man auf einer um dreißig Grad geneigten Leiter, auf der man nicht zwischen die Sprossen treten darf.

Man genießt in den Hohlwegen eine wahre Kellerluft. Oft sind sie auf lange Strecken durch überhängendes Gesträuch so bedeckt, dass man in einen Stollen zu fahren glaubt. Ich habe im Hohlweg gebleichte Pflanzen gesehen, und die Finsternis am hellen Tag ist unbeschreiblich. Wie kann es heilsam sein, aus einer Ebene, in der man den heißen Sonnenstrahlen ausgesetzt war, in jene unterirdischen Hohlwege zu treten und Kellerluft einzuatmen! Aber in einem Lande, wo man nicht vernünftig denkt, wird täglich wiederholt, der Weg im Quindío sei überaus gesund, Kranke würden darin genesen, man spricht von den Wunderkräften der Wasser, der größeren Reinheit der Luft. Was einer sagt, sagen hier Jahrhunderte lang alle, besonders wenn der Erste ein Mönch war!

Will man den Kot der Hohlwege vermeiden, so geht man auf dem Rand des Berggehänges, in einem schmalen Fußsteig, der den Hohlweg bald zur rechten, bald zur linken Seite hat. Dieser Wechsel macht, dass man den Hohlweg bald durch Überschreiten passiert, bald an der zwanzig Fuß hohen, senkrechten Wand auf und ab kriecht, und zwar auf Wurzeln, die nummeriert sein sollten, um zu wissen, wo man zuerst den Fuß hinsetzen muss. Man glaubt, einen Schacht auszufahren.

Dies ist die getreue Schilderung des Weges auf den hohen Gebirgen zwischen La Palmilla und Buenavista. Von da an watet man durch Sümpfe, genau, als wenn man auf einem Viehhof in der Mistpfütze spazierte. Der flüssige schwarze Kot im Bambuswald ist meist zwei Fuß tief und gefährlich wegen der Stacheln des Bambus und der stachligen Blattscheiden, die die Füße verletzen. Die Cargueros passieren diese Bambussümpfe sehr kunstvoll auf schmalen Rohrstämmen, von denen jeder Ungeübte abgleitet.

Wer nicht zu Fuß gehen will – und für weiße Menschen ist dies hier bei der Weibischkeit des amerikanischen Menschengeschlechts eine Schande –, lässt sich tragen. Schon unter den Indianern vor der Conquista war es gebräuchlich, dass vornehme Personen sich tragen ließen, aber auf den Schultern von mehreren Trägern, in einer Art Bahre und Tragesessel. Die jetzige Art ist spanische Erfindung und eine Frucht der

Gemächlichkeit, zum Teil auch der Notwendigkeit in einem Lande, in dem Reiten unmöglich ist. In Ibagué, Cali, Cartago, Nóvita widmen sich alle jungen stämmigen Menschen diesem Metier, nicht sowohl, weil es einträglich ist, als wegen des allgemeinen Hanges zur *vagabundería,* zu einem herumziehenden, freien Leben!

Ehemals, vor zwanzig bis dreißig Jahren, war es ungewöhnlich und schimpflich, dass weiße Menschen als *silleros,* das heißt als Stuhlträger gingen. Jetzt hat sich das Vorurteil verloren. Man unterscheidet, wie bei den Pferden, die *silleros,* die einen festen, sicheren und bequemen Tritt haben. Einige schreiten so unbequem daher, dass man im Stuhl fürchterlich gestoßen wird. Die Stühle sind sehr artig ersonnen, aus Bambusrohr mit einer Lehne, gegen die der Sitz unter sechzig Grad geneigt ist, damit der Getragene sich gegen den Rücken des *sillero* gehörig zurückwirft. Ohne diese Stellung wird das Geschäft dem Träger sehr beschwerlich. Für die Beine schwebt am Stuhl ein Tritt aus Stricken. Schwere Personen führen ihre eigenen, hölzernen Stühle mit sich, die oft eine Art Dach gegen die Sonne haben. Ja, im Wege zu Honda und Santa Fe bin ich Kranken begegnet, die in einer Art Affenkasten getragen wurden, ganz verdeckt.

Der Stuhl ist auf dem Rücken des *sillero* durch einen Kreuzriemen aus Bast gehalten, der über die Schulter geht. Ein zweiter Kreuzriemen ruht auf der Stirn und dient dazu, die Balance zu halten. Der *sillero* geht unendlich gerade und steif einher, während der Getragene, hintenüber liegend, eine elende, hilflose Figur spielt. Zum Auf- und Absteigen dienen Steine, Felsenstücke. Will der Träger aber sich des Stuhls ganz entledigen, so legt er sich ausgestreckt rücklings auf die Erde und kriecht so aus dem Kreuzriemen aus.

Ich wusste im Voraus, dass ich mich im Quindío weder der Mulas noch der *silleros* bedienen würde. Doch zwang man mich, beide zu mieten. Als die *silleros* ihren Kontrakt schlossen (und so machen sie es immer), holten sie ihre Stühle und probierten unser Gewicht. Sie sind unbegreiflich geschickt, nach Augenmaß schon im Voraus das Gewicht zu bestimmen. Diese Probe im Zimmer war das einzige Mal, dass ich mich tragen ließ. Als ich abstieg, bat ich den *sillero,* mir den Stuhl zu geben und sich tragen zu lassen. Der Mensch machte große Augen und glaubte, ich sei verrückt. Er erfüllte indes meine Bitte. Der Kerl war nicht schwer. Ich trug ihn leicht in den Armen, aber im Stuhl hatte ich Mühe, drei Schritte weit mit ihm zu gehen. Man wird wundersam zurückgezogen und schwiemelt von einer Seite zur anderen. Ich wechselte den großen *sillero* mit einem fünfzehnjährigen Knaben und erhielt nun eine deutliche Idee von der Bequemlichkeit, auf die in der Befestigung der Kreuzriemen gedacht ist. Man kann in der Tat nichts Geschickteres ersinnen, um die Last recht gleichmäßig zu verteilen. Es ist sehr, sehr selten, dass die *silleros* fallen, und sie raten im Voraus, falls sie fallen, nicht abzuspringen, weil der Sprung gefährlich ist, oft nicht gelingt und dem *sillero* einen Schwung gibt, der den Fall doppelt gefahrvoll macht.

Man muss indes von der Geschicklichkeit, mit der die *silleros* einhertreten, sehr überzeugt sein, um nicht im Stuhl zu verzagen. Man vergleiche die obige Beschreibung des Weges. Der *sillero* macht oft Wendungen, in denen der Stuhl mehrere Minuten lang über einem tiefen Abgrund schwebt. Um den Kot zu vermeiden, ersteigt er den oberen Rand der Hohlwege, springt über den Hohlweg weg, passiert die Sumpfstellen auf schmalen Baumstämmen. Da man sich im Quindío mehr der Ochsen als der Mulas für das Gepäck bedient, so hat man große Unfälle erlebt, wenn in den Schluchten die Ochsen dem *sillero* entgegenkommen und scheu werden. Man kann nicht ausweichen.

Es gibt so falstaffartig dicke Menschen hier, dass sie nur gewisse *silleros* finden, die sie tragen. Sie bezahlen doppelt und dreifach für ihr Gewicht. Für noch Dickere nimmt man starke Kerle, die den *sillero* führen und mit ihm abwechseln. Es gibt Menschen, die so barbarisch sind, den *sillero* wie ein Tier mit den Hacken anzuspornen; diese aber wissen sich wohl zu rächen, denn oft lassen sie Person und Stuhl im Gebirge und laufen davon, ein Unfall, den ich immer mit einer Art Schadenfreude hörte. Ja, um zu beweisen, dass der *sillero* genau wie ein Tier behandelt wird, erwähne ich des sehr gewöhnlichen Falles, dass der Getragene, wenn sein *sillero* unter der Last erkrankt, diesen hilflos und einsam liegen lässt und zu Fuß mit dem übrigen Gepäck die Reise fortsetzt. In El Moral begegneten wir einer Karawane abgerissener, nacktbeiniger Caballeros, die sich über den Weg am Páramo fast mit Tränen beschwerten. Ein *sillero*, der eben von den Pocken genesen, war ihnen erkrankt, sie hatten ihn im Walde liegen lassen und rühmten sich ihrer christlichen Mildtätigkeit, weil sie ihm hinlängliche Speise hinterlassen hatten. Sie meinten indes, er werde wohl sterben oder, falls er wieder zu Kräften komme, langsam nach Hause schleichen. Die *sillero*s erzählen schändliche Geschichten von der Unmenschlichkeit der Reisenden. Sollte der Staat nicht fürchterliche Strafen auf solche Untaten legen? Mir ist es unmöglich gewesen, auf Menschen zu reiten, und ich habe mich gefragt, ob in einer Republik das ganze Tragen nicht durch Gesetze eingeschränkt werden sollte, zum Beispiel auf Kranke und Hilflose oder Weiber. Man wird einwenden, dass die Stuhl- und Gepäckträger freie Menschen sind (ja so vornehme, dass einer der unsrigen, Villareño, sich Herr und Euer Gnaden nennen ließ), dass in den Städten man Sänftenträger hat, dass der Handel gehemmt wird, wenn Menschen, deren weibische Erziehung es unmöglich macht, dass sie zu Fuß gehen, den Quindío nicht im Stuhl passieren können. Das beste Gegenmittel wäre, den Weg zu bessern. Aber nein, als man vorschlug, den Weg von Boca de Nare nach Antioquia für Mulas gangbar zu machen, beschwerten sich die Cargueros, und die Audiencia, weit entfernt, dies Projekt zu begünstigen, verbot die Eröffnung und entschied für eine stämmige Jugend, die in einem armlosen Land ihre Kräfte nützlicher anwenden könnte, als sich willkürlich zu Lastvieh herabzuwürdigen. Der Transport über den Quindío ist so stark, dass man ununterbrochen im Gebirge Mulas, Ochsen und Trägermenschen begegnet. Die Kaufleute von Popayán, Buga, ja selbst Pasto reisen nach Honda, Mompós und Santa Fe, um *ropa* zu kaufen (so nennt man alle Art Zeuge zur Kleidung). Sie kehren mit der *ropa* zurück, und ein Kaufmann benötigt oft sechzig Cargueros. Da diese so oft betrügerisch den Packen liegenlassen und aus Unlust davonlaufen, so gehört ein eigenes Geschick dazu, seine Cargueros mit sich zu locken.

Bei den Indianern

Henri Charrière

Ich marschiere bis ein Uhr mittags. Kein Baum, kein Busch mehr am Horizont. Das Meer funkelt silbern unter der sengenden Glut. Ich gehe barfuß, ich trage die Schuhe noch immer über der linken Schulter. Gerade als ich beschließe, mich niederzulegen, kommt es mir so vor, als sähe ich, etwas vom Strand landeinwärts, ein paar Bäume oder Felsen. Ich versuche, ihre Entfernung abzuschätzen: zehn Kilometer. Rasch stecke ich ein dickes halbes Kokablatt in den Mund und ziehe los. Eine Stunde darauf entdecke ich, dass es Hütten sind, mit Dächern aus Stroh oder Schilf oder einfach nur aus hellbraunen Blättern. Aus einer der Hütten steigt Rauch auf. Auch Menschen sehe ich, die mich gesehen haben müssen, denn sie rufen und zeigen auf etwas in Richtung des Meeres. Ich sehe vier Boote, die sich rasch dem Strand nähern. Etwa zehn Menschen steigen aus. Alle stehen vor den Häusern versammelt und schauen zu mir her. Ich sehe, dass sie nackt sind Nur vorne haben sie etwas, das ihr Geschlecht verhüllt. Langsam gehe ich auf sie zu. Drei Männer stehen auf ihren Bogen gestützt und halten einen Pfeil in der Hand. Keine Geste, weder feindlich noch freundlich. Ein Hund bellt und stürzt mir wie rasend entgegen. Er beißt mich unten in die Wade und nimmt ein Stück Hose mit … Als er neuerdings zum Angriff ansetzen will, kriegt er einen kleinen Pfeil ins Hinterteil. Ich sehe nicht, woher der Pfeil gekommen ist. (Später erfahre ich es: aus einem Blasrohr.) Der Hund kehrt heulend um und läuft in eines der Häuser. Ich gehe hinkend weiter und bin nur noch zehn Meter von der Gruppe entfernt. Niemand regt sich, niemand sagt etwas. Die Kinder verstecken sich hinter den Müttern. Die Leiber der Männer sind rothäutig und muskulös, einfach prachtvoll. Die Frauen haben feste hohe Brüste mit stark hervortretenden Spitzen. Eine einzige hat dicke Hängebrüste.

Einer der Männer ist so nobel in seiner Haltung und seinen Gesichtszügen, seine edle Rasse drückt sich so unverhüllt in seinem Äußeren aus, dass ich direkt auf ihn zugehe. Er trägt weder Pfeil noch Bogen, ist ebenso groß wie ich und hat kurzgeschnittenes Haar mit Stirnfransen bis zu den Augenbrauen. Die Augen liegen eng beieinander. Seine Ohren sind von den Haaren bedeckt, die pechschwarz, fast violett sind. Seine Augen sind eisengrau. An seinem Körper ist kein Härchen zu entdecken, weder an der Brust noch an Armen oder Beinen. Seine kupferfarbenen Schenkel sind ebenso muskulös wie seine fein gerundeten Waden. Drei Meter vor ihm mache ich halt. Er kommt mir zwei Schritte entgegen und blickt mir pfeilgerade in die Augen, eine Prüfung, die zwei volle Minuten in Anspruch nimmt. Sein Gesicht, in dem sich nichts regt, wirkt wie das einer Kupferstatue. Nach Ablauf der zwei Minuten lächelt er plötzlich und greift mir an die Schulter. Jetzt kommen auch alle anderen, berühren meine Schulter, und eine junge Indianerin nimmt mich bei der Hand und zieht mich in den Schatten eines Hauses. Dort sieht sie sich mein Bein an. Alle sitzen im Kreis um mich herum.

Ein Mann reicht mir eine brennende Zigarre, die ich nehme und rauche. Darüber beginnen alle zu lachen, denn sie alle, Männer wie Frauen, rauchen mit der Glut im Mund. Die Bisswunde blutet nicht mehr, aber ein Stück Fleisch in der Größe eines halben Hundertsousstücks ist herausgerissen. Die Indianerin zupft rundherum die Haare aus und wäscht die Wunde mit Meerwasser, das ein kleines Mädchen geholt hat. Sie drückt gegen die Wunde, um sie zum Bluten zu bringen. Und damit nicht genug, schabt sie sie mit einem geschärften Stück Eisen aus und vergrößert sie. Ich gebe mir Mühe, nicht zu zucken, da mich alle beobachten. Ein anderes Mädchen, das helfen will, stößt die junge Indianerin brüsk zurück. Wieder beginnen alle zu lachen. Ich verstehe, dass sie mit dieser Geste ausdrücken wollte, dass ich ausschließlich ihr gehöre, was alle belustigt. Dann schneidet sie mir meine beiden Hosenbeine ein Stück über den Knien ab, zerdrückt Meeralgen, die man ihr gebracht hat, auf einem Stein, legt sie auf die Wunde und umwickelt sie mit den Streifen, die sie aus meinen Hosenbeinen gerissen hat. Zufrieden mit ihrem Werk, deutet sie mir, dass ich aufstehen kann.

Ich stehe auf und ziehe mir den Rock aus. Da bemerkt sie im Ausschnitt meines Hemdes den tätowierten Schmetterling an meinem Halsansatz. Sie schaut nach, entdeckt noch mehr Tätowierungen und zieht mir das Hemd aus, um sie sich anzuschauen. Alle, Männer wie Frauen, betrachten neugierig die Tätowierungen auf meiner Brust: rechts eine Geißelung von Calvi, links der Kopf einer Frau, über dem Magen der eines Tigers mit weit aufgerissenem Rachen, über der Wirbelsäule ein großer gekreuzigter Matrose und um die Hüften eine Jagd mit Jägern, Palmen, Elefanten und den gejagten Tigern. Die Männer drängen die Frauen zur Seite, sehen sich jede Tätowierung genau an und betasten sie. Nach dem Häuptling gibt jeder seine Meinung darüber ab. Von diesem Augenblick an werde ich von den Männern endgültig anerkannt. Die Frauen habe ich mir bereits erobert, als der Häuptling zu lächeln begann und meine Schulter berührte.

Gemeinsam gehen wir in die größte Hütte, und hier gerate ich völlig aus der Fassung. Die Hütte ist aus gestampfter roter Ziegelerde gebaut. Sie hat acht Türen, ist rund, und an dem Gebälk hängen auf einer Seite bunte Hängematten aus reiner Wolle in lebhaften, leuchtenden Farben. In der Mitte befindet sich eine runde, polierte braune Steinplatte und um sie herum Steinplatten zum Sitzen. An der Wand hängen mehrere doppelläufige Gewehre, ein Militärsäbel und dazwischen Bogen in allen Größen. Auch der Rückenpanzer einer Riesenschildkröte fällt mir auf, so groß, dass ein Mensch darauf schlafen könnte, und ein Kamin aus schön übereinander gelegten, regelmäßig verkitteten Steinen. Auf dem Tisch liegt ein hohler halber Kürbis, in dem ein Häuflein Perlen liegt. Man reicht mir in einem Holzgefäß ein süßsaures Gebräu aus gegorenen Früchten, es schmeckt hervorragend. Dann bringt man mir auf einem Bananenblatt einen mindestens zwei Kilo schweren, über Holzkohlen zubereiteten Fisch. Man lädt mich ein, davon zu essen. Als ich mit dem köstlichen Fisch fertig bin, nimmt mich die Indianerin an der Hand und führt mich an den Strand, wo ich mir die Hände wasche und den Mund mit Meerwasser ausspüle. Dann sitzen wir wieder im Kreis in der Hütte. Die junge Indianerin sitzt neben mir, ihre Hand liegt auf meinem Schenkel, und wir versuchen uns mit Gesten und Worten übereinander Aufschluss zu geben.

Da erhebt sich der Häuptling, geht in den Hintergrund der Hütte und kommt mit einem kleinen weißen Stein wieder, mit dem er auf dem Tisch zu zeichnen beginnt. Zuerst nackte Indianer, das Dorf und das Meer. Rechts davon Häuser mit Fenstern und angezogenen Menschen. Die Männer tragen ein Gewehr oder einen Stock. Links zeichnet er ein zweites Dorf, Männer mit Gewehren und Hüten und angezogene Frauen.

Nachdem ich mir die Zeichnung gut angesehen habe, merkt er, dass er etwas vergessen hat, und zeichnet einen Weg, der vom Indianerdorf in die Ansiedlung rechts, und einen zweiten, der in das Dorf zur Linken führt. Um mir die Lage der beiden anderen Dörfer zu seinem Dorf zu verdeutlichen, zeichnet er auf der venezolanischen Seite rechts eine runde Sonne, von der nach allen Seiten Strahlen ausgehen, und auf der Seite des kolumbischen Dorfes eine Sonne, die am Horizont mit einer Schlangenlinie abgeschnitten ist. Irrtum ausgeschlossen. Auf einer Seite geht die Sonne auf, auf der andern unter. Stolz betrachtet der junge Häuptling sein Werk, und alle sehen es der Reihe nach an. Als er merkt, dass ich verstanden habe, was er mir sagen will, nimmt er die Kreide und bedeckt die beiden Dörfer links und rechts von dem seinen mit Strichen. Damit will er offenbar sagen, dass die Menschen in den anderen Dörfern böse sind, dass er nichts mit ihnen zu tun haben will und dass nur sein eigenes Dorf gut ist.

Mit einem feuchten Wolllappen wird der Tisch abgewischt, dann drückt er mir das Stück Kreide in die Hand, damit ich meine Geschichte erzähle. Das ist viel komplizierter. Ich zeichne einen Mann mit gebundenen Händen und zwei Bewaffnete, die ihn ansehen. Dann denselben Mann laufend, und die beiden Männer, die ihn mit angelegtem Gewehr verfolgen. Ich zeichne das Ganze dreimal, und mich jedes Mal etwas weiter von meinen Verfolgern entfernt. Zuletzt stehen die Polizisten, und ich laufe auf das Indianerdorf zu, das ich mit den Einwohnern, Männern und Frauen, mit dem Hund und dem Häuptling aufzeichne, der mir die Arme entgegenstreckt.

Die Zeichnung muss mir nicht schlecht gelungen sein, denn nach einem längeren Palaver der Männer untereinander öffnet der Häuptling wie auf meiner Zeichnung die Arme. Sie haben verstanden. Die Indianerin führt mich abends in ihre

Hütte, in der sechs Indianerinnen und vier Indianer leben. Sie richtet eine prächtige, sehr breite bunte Wollhängematte her, in der zwei Menschen bequem der Quere nach liegen können. Ich lege mich aber der Länge nach hinein, während sie sich in eine andere der Quere nach legt. Ich tue das Gleiche. Daraufhin kommt sie und legt sich an meine Seite. Sie berührt meinen Körper, die Ohren, die Augen und den Mund mit ihren langen, feinen, aber sehr rauen Fingern, die voll kleiner geriffelter Narben sind, die von den Schnittwunden stammen, die sie sich an den Korallen zuzieht, wenn sie nach Perlmuscheln taucht. Ich streichle ihr das Gesicht. Sie nimmt meine Hand und ist sehr erstaunt, dass sie so weich und ohne Hornhaut ist. Nach dieser in der Hängematte verbrachten Stunde stehen wir auf und kehren in die große Hütte des Häuptlings zurück. Man zeigt mir die Gewehre. Es sind Saint-Étienne-Flinten, Kaliber Zwölf und Sechzehn, mit einem Magazin für sechs Doppelnullpatronen.

Die Indianerin ist mittelgroß, hat eisengraue Augen wie der Häuptling, ein reines Profil und trägt das Haar, das ihr bis an die Hüften reicht, in der Mitte gescheitelt und zu Zöpfen geflochten. Ihre Brüste sind wunderschön, hoch und birnenförmig. Die Spitzen sind dunkler als die kupferfarbene Haut und sehr lang. Sie beißt, statt zu küssen. Küssen kennt sie nicht, aber ich habe ihr diese zivilisierte Sitte schnell beigebracht. Sie will nicht an meiner Seite gehen, dort hat sie nichts zu suchen, sie geht hinter mir. Eine der Hütten ist unbewohnt und in schlechtem Zustand. Mit Hilfe einiger anderer Frauen bessert sie das Dach mit Kokosblättern aus, die schadhafte Wand mit roter Tonerde. Die Indianer haben viele Sorten Eisengeräte: Messer, Dolche, Schlachtmesser, Äxte, Hacken und eine Gabel mit Eisenzähnen. Sie kennen Geräte aus Kupfer, aus Aluminium, haben Gießkannen, Pfannen, einen Schleifstein, einen Ofen, Eisen- und Holzfässer. Ihre großen

Hängematten aus reiner Wolle sind mit geflochtenen Fransen und mit Mustern in starken Farben verziert.

Das Haus ist bald fertig, und sie beginnt damit, es einzurichten. Die Sachen dazu bekommt sie von anderen Indianern: ein Eselsgeschirr, einen eisernen Dreifuß zum Feuermachen, eine Hängematte, in der gleich vier Erwachsene der Quere nach liegen können, Gläser, Töpfe aus Weißblech, Pfannen und so weiter.

Wir streicheln uns gegenseitig fast vierzehn Tage lang, seit ich hier bin, aber sie weigert sich heftig, bis ans Ende zu gehen. Ich verstehe das nicht, denn sie war es doch, die mich herausgefordert hat, aber im gegebenen Moment will sie das Letzte nicht. Außer dem Stück Stoff, das ihre Scham verbirgt und das sie mit einer dünnen Schnur um die zarte Taille trägt, hat sie nie etwas an. Ihr Popo ist ganz nackt. Ohne jede Zeremonie richten wir uns in dem Häuschen ein; das drei Türen hat, eine in der Mitte, das ist der Haupteingang, und zwei weitere, die einander gegenüberliegen. Die Verbindungslinien zwischen diesen drei Türen in dem kreisförmigen Haus bilden ein gleichschenkliges Dreieck. Sie haben jede ihren ganz bestimmten Zweck. Ich zum Beispiel muss stets durch die Tür im Norden ein- und ausgehen. Sie muss die Tür im Süden benützen. Ich darf nie durch ihre Tür gehen, sie niemals durch die meine. Durch die große Tür in der Mitte treten die Freunde ein, und ich oder sie dürfen nur in Begleitung von Besuchern durch die große Tür eintreten.

Erst als wir uns in dem Haus völlig eingerichtet hatten, wurde sie die meine. Ich will nicht auf Einzelheiten eingehen, aber sie war eine glühende Liebende, voll überwältigender Unmittelbarkeit. Sie umschlang mich wie eine Liane. Verborgen vor allen, ohne Ausnahme, kämme und flechte ich ihr das Haar. Sie ist sehr glücklich, wenn ich sie kämme, eine unaussprechliche Wonne malt sich in ihrem Gesicht und gleichzeitig die

Angst, dabei überrascht zu werden, denn ein Mann darf seine Frau nicht kämmen. Er darf ihr auch die Hände nicht mit dem Bimsstein abreiben oder ihr auf eine bestimmte Art den Mund und die Brüste küssen.

Lali, das ist ihr Name, und ich leben also zusammen in dem Haus. Mich wundert nur eines, dass sie niemals von den Pfannen und Kesseln aus Eisen und Aluminium Gebrauch macht. Sie trinkt auch niemals aus einem Glas, sie macht alles mit den irdenen Pfannen und Töpfen, die sie selbst verfertigt.

Mit der Gießkanne wäscht man sich. Um sein Bedürfnis zu verrichten, geht man ins Meer.

Ich helfe ihr beim Öffnen der Perlmuscheln, einer Arbeit, die von den ältesten Frauen verrichtet wird. Die jungen fischen die Muscheln. Die gefundenen Perlen werden folgendermaßen verteilt: ein Teil für den Häuptling, der die Gemeinschaft repräsentiert, ein Teil für den Fischer, ein halber Teil für die Muschelöffnerin und eineinhalb Teile für die Taucherin. Wenn sie mit ihrer Familie lebt, gibt sie ihre Perlen dem Onkel, dem Bruder ihres Vaters. Ich habe nie verstanden, warum der Onkel auch der Erste ist, der das Haus der künftigen Gatten betritt, den Arm der Frau nimmt, ihn um die Taille des Mannes schlingt und dann den rechten Arm des Mannes um die Taille der Frau, wobei der Zeigefinger auf deren Nabel zeigen muss. Wenn er das getan hat, geht er wieder.

Ich helfe also beim Öffnen der Muscheln, aber nicht beim Fischen, denn ich wurde nie dazu eingeladen, in ein Boot zu steigen. Sie fischen ziemlich weit draußen, ungefähr fünfhundert Meter vor der Küste. An gewissen Tagen kommt Lali von den Korallen an Schenkeln und Hüften ganz zerrissen zurück. Dann zerdrückt sie Algen und reibt sich die Wunden damit ein. Ich tue nichts, ohne von ihr dazu aufgefordert zu werden. Ich betrete nie die Hütte des Häuptlings, wenn er nicht selbst oder ein anderer mich an der Hand hineinführt. Lali hat den

Verdacht, dass sich drei Indianerinnen ihres Alters möglichst nahe an der Tür unseres Hauses ins Gras legen, um zu erfahren, was wir tun, wenn wir allein sind.

Gestern habe ich den Indianer kennengelernt, der die Verbindung zwischen dem Indianerdorf und der ersten kolumbischen Ansiedlung, zwei Kilometer hinter der letzten Grenzwache, aufrechterhält. Das Dorf heißt La Vela. Der Indianer hat zwei Esel und einen Karabiner, Marke Winchester. Er ist bis auf ein Hüfttuch unbekleidet und spricht kein Wort Spanisch. Wie bringt er da nur seine Tauschgeschäfte zustande? Mit Hilfe des Diktionärs schreibe ich auf: Nähnadeln, blaue und rote chinesische Tusche, Zwirn zum Nähen. Denn der Häuptling bittet mich öfter, ihn zu tätowieren. Der Verbindungsmann ist klein und mager. Er hat eine furchtbare Narbe, die links unterhalb der Brust beginnt und den ganzen Rumpf bis hinauf an die rechte Schulter durchzieht. Sie ist fingerdick gewölbt. Wir legen die Perlen in eine Zigarrenschachtel, die in Fächer eingeteilt ist, in denen sie nach Größe geordnet werden. Ich bin vom Häuptling dazu ermächtigt, den Indianer ein Stück weit zu begleiten. Um mich zu verpflichten, wieder zurückzukommen, hat mir der Häuptling einfach eine Doppelbüchse mit sechs Patronen mitgegeben. Denn er ist überzeugt, dass ich nie etwas mitnehmen würde, was mir nicht gehört. Da die zwei Esel nicht beladen sind, besteigen wir sie. Wir reiten einen vollen Tag lang, dieselbe Strecke, die ich gekommen bin, bis auf fast drei, vier Kilometer an den Grenzposten heran. Dann kehrt der Indianer dem Meer den Rücken und reitet ins Landesinnere.

Gegen siebzehn Uhr kommen wir an den Rand eines Baches, wo sich fünf Indianerhütten befinden. Die Indianer kommen heraus, um mich zu sehen. Der Indianer redet und redet, bis ein Mann auftaucht, der in allem – Gesichtszüge,

Augen, Nase, Haar – einem Indianer gleicht, nur nicht in seiner Hautfarbe. Er ist weiß und hat die roten Augen eines Albinos. Auch ist er mit einer Khakihose bekleidet. Jetzt verstehe ich, warum der Indianer aus unserem Dorf nie weiter als bis hierher geht.

»*Buenos días* – Guten Tag«, begrüßt mich der weiße Indianer. »*Tú eres el matador que se fue con Antonio?* – Bist du der Mörder, der mit Antonio geflohen ist? … *Antonio es compadre mio de sangre* – Antonio ist mein Blutsbruder.« Um Blutsbrüder zu werden, legen zwei Männer die Arme aneinander, machen jeder mit dem Messer einen Schnitt in den Arm des andern und bestreichen dann einer den Arm des andern mit dem eigenen Blut und lecken sich gegenseitig die blutverschmierten Hände ab.

»*Que quieres?* – Was willst du?«

»*Agujas, tinta china roja y azul* – Nadeln und rote und blaue Tusche … *Nada más* – Sonst nichts.«

»*Tu lo tendrás de aquí a un cuarto de luna* – Beim ersten Mondviertel wirst du alles haben.«

Er spricht besser Spanisch als ich, und man merkt, dass er in Kontakt mit den Zivilisierten steht, Tauschgeschäfte organisiert und leidenschaftlich die Interessen seiner Rasse vertritt. Beim Weggehen gibt er mir eine Halskette aus gehämmertem kolumbischem Silber, das sehr weiß ist. »Für Lali«, sagt er. Und dann: »*Vuelva a verme* – Besuche mich wieder«, und gibt mir, um ganz sicher zu sein, dass ich wiederkomme, einen Bogen.

Ich kehre allein zurück und habe noch nicht die Hälfte des Weges hinter mir, als ich Lali in Begleitung einer sehr jungen, ungefähr zwölf- bis dreizehnjährigen Schwester herankommen sehe. Lali dürfte sechzehn bis achtzehn sein. Bei mir angekommen, packt sie mich wie eine Tollgewordene an der Brust, und da ich den Kopf abwende, beißt sie mich grausam in den Hals. Ich brauche meine ganze Kraft, um sie zu bändigen. Plötzlich beruhigt sie sich. Ich setze das kleine Indianermädchen auf den Esel und gehe, mit Lali umschlungen, hinterher. Unterwegs erlege ich eine Eule. Ich habe auf sie geschossen, ohne zu wissen, was es war, nur ihre Augen habe ich im Dunkel leuchten gesehen. Lali will sie um jeden Preis mitnehmen und befestigt sie am Sattel des Esels. Im Morgengrauen kommen wir daheim an. Ich bin so müde, dass ich mich waschen will. Lali wäscht mich eigenhändig, entfernt dann vor meinen Augen das Schamtuch der Schwester, beginnt auch diese zu waschen und wäscht sich schließlich selbst.

Ich sitze bereits im Haus und warte darauf, dass das Wasser, das ich aufgestellt habe, um mir eine Limonade zu machen, zu kochen beginnt, als sie beide wiederkommen. Und nun geschieht etwas, was mir erst später verständlich wird. Lali drängt mir ihre Schwester zwischen die Beine und legt mir die Arme um deren Taille. Ich merke, dass die Schwester kein Hüfttuch hat und das Halsband trägt, das ich Lali geschenkt habe. Ich weiß nicht, wie ich mich dieser sonderbaren Lage entziehen soll. Sanft befreie ich die Kleine aus der Umklammerung meiner Beine, nehme sie auf den Arm und lege sie in die Hängematte. Ich nehme ihr das Halsband ab und lege es Lali um den Hals. Lali legt sich neben ihre Schwester, und ich lege mich neben Lali. Viel später erst komme ich darauf, dass Lali geglaubt hat, ich hätte mich bereits umgesehen, um meine weitere Flucht vorzubereiten, weil ich vielleicht mit ihr nicht glücklich sei, und dass ihre Schwester mich vielleicht durch ihre Liebe zurückhalten könnte.

Die Augen von Lalis Händen zugedeckt, erwache ich. Es ist schon hoher Morgen, elf Uhr. Die Kleine ist nicht mehr da. Lali sieht mich aus ihren großen grauen Augen verliebt an und beißt mich sanft in den Mundwinkel. Glücklich will sie mir zeigen, dass sie verstanden hat, dass ich sie liebe und nicht weggegangen bin, weil sie mich nicht zu halten verstehe.

Der Tag ist grau. Vor dem Haus sitzt der junge Indianer, der Lali aufs Meer hinausführt zum Muschelfischen. Mit sehr sprechendem Mienenspiel schließt er lächelnd die Augen, womit er andeuten will, dass er wohl weiß, dass Lali noch schläft. Ich setze mich zu ihm. Er sagt etwas, was ich nicht verstehe. Er ist ungewöhnlich muskulös und breit wie ein Athlet. Lange betrachtet er meine Tätowierungen, dann gibt er mir durch Zeichen zu verstehen, dass er sich gerne von mir tätowieren ließe. Ich nicke, aber er scheint das für »Ich weiß nicht« zu halten. Da kommt Lali. Sie hat sich den Körper eingeölt. Sie weiß, dass ich das nicht mag, gibt mir aber zu verstehen, dass das Wasser bei bedecktem Himmel sehr kalt sei. Ihr halb ernstes, halb lustiges Mienenspiel dabei ist so hübsch, dass ich sie ihre Erklärung – unter dem Vorwand, nicht zu kapieren – mehrmals wiederholen lasse. Als ich ihr deute, es doch noch einmal zu machen, verzieht sie das Gesicht, als wollte sie sagen: »Bist du dumm oder bin ich zu *torpe,* zu ungeschickt, um dir zu erklären, warum ich mich eingeölt habe?«

Der Häuptling kommt mit zwei Männern vorüber, die eine grüne Rieseneidechse von mindestens vier bis fünf Kilo tragen. Der Häuptling trägt Bogen und Pfeile. Er hat die Eidechse selbst erlegt und lädt mich ein, später zu ihm zu kommen, um sie gemeinsam aufzuessen. Lali sagt etwas zu ihm, und er ergreift mich bei der Schulter und zeigt auf das Meer. Ich verstehe, dass ich Lali begleiten darf, wenn ich will, und so gehen wir zu dritt, Lali, ihr Fischgefährte und ich, zum Boot. Das Boot ist klein und sehr leicht. Es ist aus einem Holzstamm gefertigt und ohne jede Mühe ins Wasser zu setzen. Die Abfahrt geht eigenartig vor sich: der Indianer steigt, mit dem großen Ruder in der Hand, als Erster von hinten ein. Lali steht bis zur Brust im Wasser und hält das Boot fest, damit es nicht an den

Strand zurückgetrieben wird. Dann steige ich ein und stelle mich in die Mitte des Bootes. Und in dem Augenblick, da der Indianer es mit einem Ruderstoß vorwärtsbewegt, befindet sich Lali plötzlich im Boot. Die Wogen sind heute walzenförmig und werden umso höher, je weiter wir hinausfahren. In fünf-, sechshundert Meter Entfernung ist eine Art Kanal, in dem sich bereits zwei Boote mit Muschelfischern befinden. Lali hat sich die Zöpfe mit fünf Bändern aus rotem Leder um den Kopf gebunden, drei der Quere, zwei der Länge nach, und sie dann um den Hals befestigt. Mit einem starken Messer in der Hand folgt sie der fünfzehn Kilo schweren Eisenstange, die als Anker dient und in die Tiefe versenkt wird. Das Boot liegt zwar fest, steigt und fällt aber mit jeder Woge.

Mehr als drei Stunden lang taucht Lali immer wieder auf den Meeresgrund hinab. Man sieht diesen Grund nicht, aber er muss in fünfzehn bis achtzehn Meter Tiefe liegen. Jedes Mal wenn Lali heraufkommt, hat sie Muscheln im Sack, die der Indianer ins Boot leert. Sie steigt während dieser drei Stunden kein einziges Mal ins Boot. Um sich auszuruhen, hält sie sich fünf bis zehn Minuten am Bootsrand fest. Zweimal haben wir den Platz gewechselt, ohne dass Lali deswegen ins Boot gestiegen wäre. An der zweiten Stelle gab es mehr und größere Muscheln. Wir kehren ans Land zurück. Lali ist eingestiegen, und die Brandung trägt uns rasch an die Küste, wo wir von einer alten Indianerin erwartet werden. Lali und ich lassen sie mit dem Indianer die Muscheln auf den trockenen Sand hinauftragen. Als alle oben sind, hindert Lali die Alte daran, sie zu öffnen. Sie ist es, die damit beginnen will. Rasch öffnet sie mit dem Messer gegen dreißig Stück, ehe sie endlich eine Perle findet. Nicht nötig, zu sagen, dass ich mindestens zwei Dutzend von den appetitlichen Beutestücken genießerisch ausschlürfe. Ihr Fleisch ist kühl, das Wasser auf dem Meeresgrund muss sehr kalt sein. Sachte bricht Lali die Perle heraus, die so groß ist wie eine Erbse. Sie muss eher zu den großen gerechnet werden als zu den mittleren. Und wie sie schimmert! Sie changiert in zahllosen Farbtönen, ohne deswegen grell zu leuchten. Lali nimmt sie, legt sie sich in den Mund, lässt sie einen Moment darin, dann steckt sie sie in den meinen. Durch ein paar Kieferbewegungen gibt sie mir zu verstehen, dass ich sie zerbeißen und schlucken soll. Sie bittet mich, als ich mich weigere, so reizend darum, dass ich tue, was sie verlangt. Dann öffnet sie ein paar Muscheln und lässt sie mich ausschlürfen, damit die Perle nur ja ganz und gar in mein Inneres gelangt. Wie ein Junge wirft sie mich in den Sand, macht mir den Mund auf, und sieht nach, ob nicht etwa ein kleiner Splitter zwischen meinen Zähnen irgendwo hängengeblieben ist. Dann gehen wir und überlassen die Arbeit den beiden andern.

Ich bin jetzt einen vollen Monat hier. Ich weiß es genau, denn ich schreibe täglich auf, welchen Wochentag und welches Datum wir haben. Die Nadeln und die farbigen Tuschen sind längst eingetroffen. Ich habe bei Zato, dem Häuptling, drei englische Rasiermesser entdeckt. Er verwendet sie nicht, um sich damit den Bart abzuschaben, die Indianer haben ja keinen Bart, sondern er benutzt sie, um seinem Haar einen gut abgestuften Fall zu verleihen. Ich habe ihn am Arm tätowiert, ihm einen Indianerkopfschmuck mit Federn darauf gemacht. Er ist entzückt und gibt mir zu verstehen, dass ich niemanden tätowieren darf, ehe ich ihm nicht noch eine große Tätowierung auf die Brust gemacht habe. Er möchte den gleichen Tigerrachen haben wie ich, mit großen Zähnen darin. Ich muss lachen, denn ich weiß nicht, ob ich gut genug zeichnen kann, um einen so schönen Rachen fertigzubringen. Lali hat mich am ganzen Körper enthaart. Kaum entdeckt sie ein Haar an mir, so reißt sie es auch schon aus und reibt mich mit Meeralgen ein, die sie zerdrückt und mit Asche gemischt hat. Die Haare wachsen davon weniger stark nach, kommt mir vor.

Mapiripana

José Eustasio Rivera

Eines Abends beim Dunkelwerden bemerkte ich am Ufer des Guaviare eine Menschenspur. Jemand hatte den deutlichen Umriss eines kleinen Fußes im Sande hinterlassen, ohne dass sich der Abdruck irgendwo wiederholte.

Auf meinen Ruf kam El Pipa herzu, der in der Nähe mit Pfeilen nach Fischen schoss, und bald standen alle meine Gefährten um das Zeichen herum und suchten zu erkunden, nach welcher Richtung es führe.

Heli Mesa unterbrach unsere Überlegungen mit dem Ausruf:

»Das ist die Spur der kleinen Indianerin Mapiripana!«

Als er abends eine Schildkröte am Spieße drehte, stritt er mit El Pipa.

»Mach mir nicht weis, dass der böse Geist El Poira gestern Abend am Fluss entlanggegangen sei! El Poira hat verkrüppelte Füße, und da er auf dem Kopf ein brennendes Kohlenbecken trägt, das nie ausgeht, auch nicht, wenn er im Wasser untertaucht, so sieht man überall einen Aschestreifen, der ihn verrät. Wir wollen jetzt mit dem Mittelfinger einen Schmetterling in den Sand zeichnen, um den Tod und die Waldgeister günstig zu stimmen. Dann will ich die Geschichte von der kleinen Indianerin Mapiripana erzählen.«

Mit Ausnahme der Maipures gehorchten wir alle.

»Die kleine Indianerin Mapiripana ist die Priesterin des Schweigens und die Beschließerin der Bäche und Seen. Sie lebt im Herzen des Waldes. Dort presst sie die Wolken aus, bestimmt dem Sickerwasser seinen Lauf und sucht im Moos an den Hochufern Wasserperlen, um damit neue Quellen zu bilden, die ihren Inhalt an die großen Flüsse abgeben. Ihr ist es also zu verdanken, dass der Orinoko und der Amazonas Nebenflüsse haben.

Die Indios dieser Gegenden fürchten sie. Sie erlaubt ihnen hier zu jagen, aber nur unter der Bedingung, dass sie sich still verhalten. Wer es nicht tut, erbeutet nichts. Man braucht dann nur auf die feuchte Erde zu blicken, um zu merken, dass sie vorübergegangen ist und die Tiere gewarnt hat. Sie hinterlässt immer nur die Spur eines einzigen Fußes, mit der Ferse nach vorne, als ob sie rückwärtsginge. Wenn Vollmond ist, fährt sie am Ufer entlang. Sie sitzt auf einer Schildkrötenschale, die von Bufeodelfinen gezogen wird. Sie bewegen die Flossen, und Mapiripana singt ein Lied dazu.

Vor Zeiten kam einmal ein Missionar hierher, der sich ewig mit Palmwein betrank. Da er allen Aberglaube ausrotten wollte, wartete er darauf, dass ihn Mapiripana eines Nachts erschiene. Dann wollte er sie mit dem Strick seiner Kutte fesseln und als Hexe verbrennen. An einer Bucht hier in der Nähe, vielleicht gerade an der Stelle, wo wir jetzt sitzen, sah er sie, wie sie Schildkröteneier sammelte, und bemerkte beim Glanz des Vollmondes, dass sie ein Gewand aus Spinnweben trug. Eifrig begann er ihr zu folgen, als sie in den dunklen Wald entfloh. Er rief hinter ihr her, aber nur ein trügerisches Echo antwortete ihm. Er drang weiter in die Wildnis vor, bis er in eine Höhle kam, wo sie ihn viele Jahre gefangen hielt.

Sie trank sein Blut, bis er ganz erschöpft war. Einige Monate später gebar sie hässliche Zwillinge, einen Vampir und eine Eule. In Verzweiflung darüber, dass er der Vater solcher

Wesen war, floh der Missionar aus der Höhle, aber seine eigenen Kinder verfolgten ihn. Wenn er sich nachts geborgen glaubte, saugte ihm der Vampir das Blut aus, und die Lichtflüchtige blendete ihn mit ihren Blinzelaugen.

Dämmerte der Morgen, so genoss er ein paar Früchte und Palmsprosse und setzte den Marsch fort. Von der Stelle, die man heute Mapiripanasumpf nennt, kam er her, gelangte an den Guaviare, ohne zu wissen, wo er sich befand, und stieg in ein Boot das am Ufer angebunden war. Er fuhr den Strom hinab, kam aber nicht über den großen Mapiripanafall hinweg, wo die kleine Indianerin Steine in den Fluss geworfen und ihn in brodelnden Aufruhr versetzt hatte. Dann stieg er in die Orinokoebene hinab, wurde aber durch die Maipuresschnellen aufgehalten, ein neues Zauberwerk seiner Feindin, die auch die Fälle des Isana, Inírida und Vaupés geschaffen hat. Als er jede Hoffnung aufgegeben hatte, sich zu retten, kehrte er nach der Höhle zurück. Die kleine Indianerin lächelte ihm von ihrer Schaukel aus blühenden Lianen entgegen. Er warf sich vor ihr nieder und bat sie, ihn vor seinen Kindern zu schützen. Da vernahm er das harte Wort:

›Wer kann den Menschen von seinen Gewissensbissen befreien?‹

Ohnmächtig brach er zusammen. Zum Skelett abgemagert und früh gealtert, starb er. Als er im Todeskampf auf seinem elenden Lager aus Blättern und Moos ruhte, bewegte er die Hände, als wollte er in der Luft seine Seele fangen. Dann tat er den letzten Atemzug. In der Höhle aber schwebte ein großer Schmetterling mit blauen Flügeln, der leuchtete wie die Sonne. Das ist das letzte Bild, das die Menschen sehen, die hier am Fieber sterben.«

Julia Ruano – Die Koka in der indianischen Kultur

Alfredo Molano

Koka kaue ich, seitdem ich zur Schule ging und zwölf Jahre alt war. Deswegen bin ich niemals geimpft worden. Ein einziges Mal hatte ich Krebs. An der Hand, wo ich mich mit einem Ast geschnitten hatte. Die Wunde wuchs und wuchs, und ich fühlte meine Finger nicht mehr. Fast wäre ich gestorben. Nicht wegen des Krebses, sondern weil mir die Hand fehlte. Die Hände sind das Essen. Einem Einhändigen geht es hier schlechter als einem Verrückten. Einen Verrückten sperren die Eltern in einen Käfig, so wie den Misael. Misael war nicht so schlecht, wie behauptet wird. Und er war auch nicht der Sohn zweier Brüder. Ich weiß das, denn ich kannte die Mutter und nicht den Vater. Er war mehr eingeschüchtert und verängstigt als verrückt. Aber der Pfarrer hat ihn so genannt, und so ist es geblieben. Keiner mochte ihn, und er hasste die ganze Welt. Sogar sich selbst hasste er, so wie man einen Feind hasst, der einen umbringen will. Deswegen hat er sich mit seinen eigenen Händen kastriert, deswegen haben sie ihn in einen Käfig gesperrt. Sie schmeißen ihm das Essen hinein, und er schaut heraus mit diesen riesigen grauen Augen, wie die von einem toten Ziegenbock.

Ohne Hände kann man nicht aufwachsen. Als wir anfingen, gab es Weizen, weil die Erde kälter war. Wir machten Brot aus Mehl, Zucker und Salz, alles zusammengeknetet. Wir verkauften, was übrig blieb, und es war viel. Aus der Stärke des ausgedrückten Manioks haben wir Plätzchen gebacken, so wie es uns ein Meister aus dem Huila gezeigt hatte. Gerste haben wir auch geerntet, um Suppe zu machen oder einen Eintopf. Den gemahlenen Mais haben wir für den Pudding benutzt, den gequollenen für die Maisfladen und für die *chicha* (gegorener Maissaft), die wir mit Honig gesüßt haben. Es gab alles, und alles wurde mit der Hand gemacht, weil weder die Kleider für die Frauen noch die Hemden und Hosen für die Männer gekauft wurden. Alles wurde hier aus feiner und durchgebürsteter Wolle hergestellt. Man musste sie sechs Monate lang ruhen lassen, bevor sie gesponnen und auf die Spindel gewickelt werden konnte. Danach färbte man sie mit einem Strauch, den sie *chandosa* nennen, dunkelblau oder schwarz, wie man eben wollte. Scheußlich zu pflücken, der Strauch, wegen der Dornen. Aber man musste am Tag färben, weil nachts die Wolle grün anlief. Wir färbten auch mit blauer Tinte und Lauge, bis wir die Farbe Iris hatten. Das ist noch gar nicht lange her, es gehört schon zu heute.

Heute ist alles so anders, dass selbst die Koka nicht mehr dieselbe ist. Ein ganzes Leben lang habe ich Koka geerntet. Von meinen Eltern bis zu meinen Kindern haben wir alle mit ihr gelebt, weil sie uns bei der Aufzucht der Kinder hilft. Sogar das Fleisch kann sie ersetzen. Sie ist Kind eines Wunders von San Cipriano und San Isidro. Das Blatt der alten Koka war wie das einer Trauerweide, ganz dünn. Es geschah in einem Sommer, in dem die Sonne alles verbrannte. Alle Welt forderte: »San Isidro Labrador, mach, dass das Wasser kommt und die Sonne geht.« Das Kokablatt ließ sich nicht ernten, weil es so leicht und ohne Substanz war. Dann haben die Heiligen das Wunder vollbracht und ein Stück Blatt hinzugefügt. Das sieht man, wenn man es gegen das Licht hält: es sind zwei Blätter, eines drinnen und eines draußen, und in der Mitte die Ader, in der die Kraft lebt. Die Leute waren sehr dankbar und steckten ein paar Kokablüten in den Teig, der zum Kauen benutzt wird, damit auch die Heiligen zusammen Koka kauen konnten.

Die ganze Sache mit den *Antinarcóticos* (Antidrogeneinheiten) kommt daher, dass Leute, die keine Ahnung hatten, auf die Idee kamen, sie zu pflücken. Wo sie doch weiß, wer sie pflückt und wofür sie gepflückt wird. Sie ist nicht schlecht, die Schlechten sind die Leute, die sie für Wer-weiß-wofür abreißen. Das Schicksal der Koka ist das, das man ihr gibt. Wenn ich die Blätter ernte, dann röste ich sie gleich, damit sie mich nicht wieder verwechseln wie neulich, als ich am Jäten war und die *Antinarcóticos* aus dem Gebüsch sprangen. Ich sagte: Was ist denn hier los? Was sind denn das für Tiere? Sie sahen nämlich aus wie Raubtiere. Sie haben mich nach Bolívar mitgenommen, weil sie meinten, ich würde ernten, um es dann den Süchtigen zu verkaufen. Den Süchtigen, so ein Quatsch. Wo ich mich doch noch nicht einmal mehr mit den Kokahändlern abgebe, weil die die gerösteten Blätter nicht kaufen. Ich habe die Koka für mich; um sie zu kauen. So richtet sie keinen Schaden an, so tut sie gut. Sie wollten mich nicht anhören und befahlen mir, alle acht Tage im Amtsgericht zu erscheinen. Keine Erklärung haben sie akzeptiert. Ich sagte ihnen, ich sei nicht kriminell, und hundert Sträuche zu haben sei kein Verbrechen. Nichts, sie haben nicht nachgegeben. Alle acht Tage musste ich hier alles stehen und liegen lassen. Bis ich eines Tages ein paar Mandarinen, Apfelsinen und Guayabas in einen Korb packte und sie dem Richter brachte. Ich sagte ihm, dass ich nach Huila müsse und nicht wiederkommen könne. Ich ging nie wieder hin, und hier bin ich. Ich sage, alles, was geschehen ist, ist ein Fluch der Koka, weil sie für etwas geerntet wurde, wofür sie nicht bestimmt ist.

Auf der Suche nach Yage

William S. Burroughs

25. Januar 1953
Hotel Mulvo Regis,
Bogotá

Lieber Al,
Bogotá liegt auf einer Hochebene mit Bergen ringsum. Das Gras der Savanne ist leuchtend grün, und da und dort ragt ein schwarzer präkolumbianischer Monolith heraus. Die Stadt macht einen düsteren, trübseligen Eindruck. Mein Hotelzimmer ist ein fensterloser Verschlag (Fenster sind in Südamerika ein Luxus) mit rohen Bretterwänden, und das Bett ist zu kurz.

Fühlte mich derart deprimiert, dass ich lange Zeit wie gelähmt da auf dem Bett hockte. Dann ging ich raus in die dünne kalte Luft, um irgendwo etwas zu trinken, und ich dankte Gott, dass ich nicht suchtkrank in diese Stadt gekommen war. Ich trank ein paar Gläser und ging zurück ins Hotel, wo mir ein hässlicher schwuler Kellner ein Essen servierte, das nach nichts schmeckte.

Am nächsten Tag ging ich in die Universität, um mich über Yage zu informieren. Sämtliche Naturwissenschaften befinden sich unter einem Dach, im sogenannten »Institut«. Ein Backsteingebäude, staubige Korridore, Büros ohne Namensschilder an den Türen, die meisten verschlossen. Ich kletterte über Kisten und ausgestopfte Tierbälger und botanische

Pressen. Das Zeug wird ohne ersichtlichen Grund ständig von einem Raum in den anderen geschafft. Leute stürzen aus ihren Büros, suchen sich aus dem Gerümpel irgendwas heraus und lassen sich das Ding ins Büro schleppen. Die Packer hocken zigarettenrauchend auf den Kisten und reden jeden mit »Doktor« an.

In einem großen staubigen Raum voll von Pflanzenproben und durchwabert von einem Geruch nach Formaldehyd sah ich einen Mann, der mit kultiviert gebremster Verärgerung nach etwas suchte, was er nicht finden konnte. Als er mich sah, sagte er:

»Wo hat man mir denn jetzt schon wieder meine Kakaopflanzen hingetan? Es war eine wild wachsende Kakaopflanze, eine ganz neue Spezies. Und was hat dieser ausgestopfte Kondor hier auf meinem Tisch zu suchen?«

Der Mann hatte ein hageres, durchgeistigtes Gesicht, ein stählernes Brillengestell auf der Nase, und er trug eine Tweedjacke und dunkle Flanellhosen: Eindeutig Boston und Harvard. Er stellte sich als Dr. Schindler vor. Hatte irgendwas mit der U. S. Agricultural Commission zu tun.

Ich fragte ihn nach Yage. »Oh ja«, sagte er, »wir haben einige Proben hier. Kommen Sie, ich zeige sie Ihnen.« Er machte einen letzten vergeblichen Versuch, seine Kakaopflanze zu erspähen, dann zeigte er mir ein getrocknetes Exemplar der Yage-Rebe. Es schien mir eine alltäglich aussehende Pflanze zu sein. Er sagte, er habe den Saft einmal probiert. »Ich sah Farben, hatte aber keine Visionen.«

Er sagte mir genau, was ich für den Trip alles brauchte, wo ich hingehen und wen ich aufsuchen sollte. Ich fragte ihn nach der Sache mit der Telepathie. »Das ist natürlich alles nur Einbildung«, meinte er. Er schlug mir vor, in die Putomayo-Region zu gehen. Das sei das am leichtesten zugängliche Gebiet, in dem ich Yage finden könne.

Ich ließ mir ein paar Tage Zeit; um meine Ausrüstung. zusammenzustellen und mich in der Hauptstadt umzusehen. Für einen Trip in den Dschungel braucht man Medikamente; Serum gegen Schlangenbisse, Penicillin, Entero-Vioform und Aralen gehören zur Grundausstattung. Eine Hängematte, eine Wolldecke; und für den Transport der Medikamente ein Gummibeutel, den sie hier *tula* nennen.

Zu der dünnen Luft in Bogotá kommt hinzu, dass es hier kalt und nass ist; eine feuchte Kälte, die in einen rein kriecht wie die Kälte der Suchtkrankheit. So was wie Heizung kennen die hier nicht; man ist also ständig am Frieren. Mehr als in jeder anderen Stadt in Lateinamerika spürt man hier das tote Gewicht von Spanien; ein düsteres, niederdrückendes Gefühl. Alles Amtliche trägt den Stempel *Made in Spain.*

Wie immer,
William

15. April 1953, Hotel Nuevo Regis, Bogotá

Lieber Al,
wieder in Bogotá. Ich habe eine Kiste voll Yage. Ich habe es probiert und weiß mehr oder weniger, wie es zubereitet wird. Übrigens, es kann sein, dass du in *Exposure* ein Foto von mir siehst. Traf einen Reporter, der gerade reinging, als ich rauskam. Schwul, versteht sich, aber ungefähr so appetitlich wie ein Korb dreckige Wäsche. Nicht einmal nach zwei Monaten im Busch, mein Lieber. Der Kerl klemmt sich den südamerikanischen Kontinent auf der Basis von kostenloser Verpflegung und Beförderung, und wenn er für etwas bezahlt, dann schlägt er einen Rabatt für sich raus, indem er mit dem Zaunpfahl winkt: »Sie können von uns sozusagen zwei Arten von Publicity kriegen, ne gute oder ne schlechte – welche darfs

denn sein, Jack?« Was für ein schamloser Schnorrer. Aber was solls, ich bin ja auch nicht besser.

Rückblende: Habe bei dieser zweiten Reise über Cali, Popayán und Pasto nach Mocoa mit Interesse festgestellt, dass sich Schindler und die beiden Engländer in Mocoa genau so mies fühlten wie ich.

Diesmal wurde ich empfangen wie ein ausländischer Potentat auf Staatsbesuch, weil man von der irrigen Annahme ausging, ich sei ein Vertreter der Texas Oil Company, der inkognito durch die Lande reist. (Gratisbeförderung per Boot und Flugzeug, und Fressen gabs auch umsonst. Die Mahlzeiten wurden in der Offiziersmesse eingenommen, und übernachtet wurde im Haus des Gouverneurs.)

Die Texas Oil Company brachte in dieser Gegend vor ein paar Jahren einige Probebohrungen nieder, fand kein Öl und zog wieder ab. Aber in der Putumayo-Region denken sie noch heute, die Texas Company würde wiederkommen. Sie glauben daran wie an die Wiederkunft Christi. Der Gouverneur erzählte mir, die Texas Company habe zwei Proben entnommen, achtzig Meilen voneinander entfernt, und beide Male sei es dasselbe Öl gewesen. Unter Mocoa müsse also ein Ölvorkommen mit einer Ausdehnung von achtzig Meilen liegen. Die gleiche Geschichte habe ich schon einmal in einer gottverlassenen Gegend von East Texas gehört, wo die Ölgesellschaft ebenfalls rumgebohrt hatte, ohne fündig zu werden. Nur dass dort der Ölteich angeblich tausend Meilen breit war. Die kaputte Psyche dieser armen Irren ist ein Brei, der sich um den ganzen Globus zieht, genau wie der unterirdische Ölteich. Du kannst ihn anbohren, wo du willst, es kommt überall die gleiche Scheiße hoch.

Der Gouverneur bildet sich ein, sie würden demnächst eine Eisenbahnlinie von Pasto nach Mocoa bauen. Und einen Flugplatz. Was in der Tat sehr gelegen käme, denn mit der Putumayo-Region geht es immer mehr bergab. Das Kautschukgeschäft ist im Eimer, die Kakaosträucher sind zerfressen von der Trockenfäule, für Rotenon wird seit dem Krieg kein Peso mehr gezahlt, der Boden ist karg, und für einen Export der Erzeugnisse fehlt es an allem. Aber das Kaff ist voll von Geschäftemachern, die ungebrochene Zuversicht mimen, obwohl sie platt auf dem Arsch sitzen. Ungefähr so, als würde ich mir einreden, dass die Jungs demnächst durchs Fenster zu mir reinkriechen oder sich unter der Tür durch einen Tunnel graben.

So manchen habe ich, wenn ich blau war, ins Gebet genommen und zu ihm gesagt: »Schau her, es gibt hier kein Öl. Deshalb sind die Texaner auch abgezogen. Die kommen nie mehr wieder. Kapiert?« Aber sie konnten es einfach nicht glauben.

Wir besuchten einen Deutschen, der in der Nähe von Mocoa eine Finca hat. Die Briten machten sich mit einem indianischen Führer auf die Suche nach wild wachsenden Kakaosträuchern. Ich erkundigte mich bei dem Deutschen nach Yage.

»Ja sicher«, sagte er, »meine Indianer nehmen es alle.« Eine halbe Stunde später hatte ich zwanzig Pfund Yage-Reben. Kein langer Treck durch den jungfräulichen Dschungel, und kein alter weißhaariger Knacker, der mich begrüßt mit den Worten: »Mein Sohn, ich habe dich erwartet.« Nein, ein netter Deutscher zehn Minuten hinter Mocoa.

Der Deutsche besorgte mir dann auch einen Termin beim lokalen *brujo,* der mir eine Tasse Yage verabreichen würde (zu diesem Zeitpunkt hatte ich noch keine Ahnung, wie man das Zeug zubereitet).

Der Medizinmann war so um die siebzig. Ein Gesicht so glatt wie der Hintern eines Säuglings. Er hatte so eine leicht verschlagene, gemütliche Art an sich, wie ein alter Junkie. Seine Hütte hatte ein Strohdach, und der Fußboden bestand aus plattgestampfter Erde. Es wurde schon dunkel, als ich zu meinem Yage-Termin bei ihm anrückte. Als Erstes wollte er wissen, ob ich ihm eine Flasche mitgebracht hätte. Ich holte eine Literflasche Aguardiente aus meinem Rucksack und gab sie ihm. Er nahm einen tiefen Schluck und gab die Flasche an seinen Helfer weiter. Ich trank nichts, denn ich wollte den Yage-Kick pur genießen. Der *brujo* stellte die Schnapsflasche neben sich hin und hockte sich vor eine Schüssel, die er auf einem Dreifuß stehen hatte. Dahinter war ein aus Holz gezimmerter Heiligenschrein mit einem Bild der Muttergottes, einem Kruzifix, einer Holzschnitzerei, die irgendeinen Geist aus dem Dschungel darstellte, Federn und kleinen verschnürten Päckchen. Der *brujo* saß lange Zeit regungslos da. Die Frauen zogen sich hinter einen Bambusvorhang zurück und ließen sich nicht mehr blicken. Der *brujo* beugte sich über die Schüssel und begann mit seinen Beschwörungsformeln. Ich verstand zwei Worte, die immer wiederkehrten: »*Yage pintar.*« Er fuchtelte mit einem kleinen Besen über der Schüssel herum und machte ein zischendes Geräusch dazu. Damit sollen böse Geister vertrieben werden, die sonst in das Yage reinfahren könnten. Er nahm einen Schluck aus der Flasche, wischte sich über den Mund und machte weiter mit seinem Singsang. Einen *brujo* kann man nicht drängen. Schließlich deckte er die Schüssel auf und goss mir etwa einen Fingerhut voll schwarze Flüssigkeit in einen dreckigen roten Plastikbecher. Das Zeug war ölig und phosphoreszierend. Ich trank es in einem Zug runter. Es schmeckte bitter, und ich wusste, mir würde davon schlecht werden. Ich gab dem Medizinmann den Becher zurück, und dann genehmigte sich auch sein Helfer einen Schluck.

Ich saß da und wartete auf eine Wirkung, und beinahe augenblicklich verspürte ich den Impuls, zu sagen: »Das war nicht genug. Ich brauche mehr.« Ich habe bis jetzt zweimal eine Überdosis Junk erwischt, und jedes Mal hatte ich kurz davor den gleichen unerklärlichen Impuls. In beiden Fällen sagte ich, noch ehe der Schuss zu wirken begann: »Das war nicht genug. Ich brauche mehr.«

Roy erzählte mir einmal von einem Mann, der frisch aus dem Gefängnis kam und bei ihm in der Bude beinahe gestorben wäre. »Er setzte sich den Schuss und sagte sofort: ›Das war nicht genug.‹ Im nächsten Moment kippte er um und verlor das Bewusstsein. Ich schleppte ihn raus in den Flur und rief einen Krankenwagen. Er kam durch.«

Nach zwei Minuten packte mich ein Schwindelgefühl, und die Hütte fing an, sich vor meinen Augen zu drehen. Es war, als würde man unter einer Äthermaske wegsacken; oder wie wenn man sich schwer betrunken ins Bett legt und alles dreht sich. Blaue Lichtblitze zuckten vor meinen Augen. Die Hütte sah plötzlich sehr archaisch aus, als stehe sie auf einer fernen Insel im Pazifik; die Türpfosten mit Schnitzereien verziert, die an die Köpfe von der Osterinsel erinnerten. Draußen lauerte irgendwo der Helfer. Er hatte ganz eindeutig vor, mich umzubringen. Plötzlich packte mich ein heftiger Brechreiz. Ich stürzte zur Tür und prallte mit der Schulter gegen einen Pfosten. Ich spürte den Aufprall, aber ich empfand keinen Schmerz. Ich konnte mich kaum auf den Beinen halten. Meine Bewegungen waren unkoordiniert. Meine Füße waren so taub, als seien sie aus Holz. Ich hielt mich an einem Baum fest, erbrach einen fürchterlichen Schwall, und dann fiel ich um und blieb hilflos liegen. Hatte am ganzen Körper ein taubes Gefühl, als sei ich in Watte eingepackt. Versuchte immer wieder, dieses taube, abgestorbene Gefühl loszuwerden. ›Ich will hier raus‹, sagte ich mir in einer Tour. Dann begann ich, blöde und mechanisch zu kichern. Ich kam nicht dagegen an. Immer wieder dieses idiotenhafte sinnlose Kichern. Larven glitten durch die bläulichen Dunstschleier vor meinen Augen und stießen ein widerwärtiges höhnisches Grunzen aus (– die grunzenden Laute waren in Wirklichkeit das Quaken der Frösche in der näheren Umgebung). Ich muss mich sechs Mal hintereinander übergeben haben, auf Händen und Knien, immer wieder vom Brechreiz geschüttelt. Ich hörte das Würgen und Röcheln, und es war, als sei das nicht ich, sondern ein anderer.

Ich lag neben einem Felsbrocken. Es mussten wohl Stunden vergangen sein. Der Medizinmann beugte sich über mich. Ich sah ihn lange an, ehe ich überzeugt war, dass tatsächlich er es war, der da stand und sagte: »Willst du ins Haus kommen?« Ich sagte nein, und er drehte sich achselzuckend um und ging wieder rein.

Meine Arme und Beine begannen unkontrollierbar zu zucken. Ich griff mit steifen, gefühllosen Fingern nach meinen Nembutals. Es dauerte gut zehn Minuten, bis ich das Fläschchen endlich auf hatte und mir fünf Kapseln rausschütteln konnte. Mein Mund war völlig ausgetrocknet, aber irgendwie kriegte ich die Nembutals runter. Die krampfartigen Zuckungen ließen langsam nach, und ich fühlte mich ein bisschen besser und ging zurück in die Hütte. Hatte immer noch die blauen Lichtblitze vor den Augen. Legte mich hin und wickelte mich in eine Decke. Fröstelte wie bei einem Malaria-Anfall. Fühlte mich plötzlich hundemüde. Am nächsten Morgen war ich wieder in Ordnung bis auf ein schlappes Gefühl und einen leichten Rest von Übelkeit. Ich bezahlte den *brujo* und ging zu Fuß zurück in die Stadt.

An diesem Tag fuhren wir alle hinunter nach Puerto Asís. Schindler beklagte sich immer wieder, wie sehr es mit dem Putumayo in den zehn Jahren, seit er zum letzten Mal hier war, bergab gegangen sei. »Eine botanische Expedition wie die hier habe ich noch nie gemacht«, sagte er. »All diese Farmen und diese Leute. Man muss meilenweit marschieren, bis man überhaupt mal in den Dschungel kommt.

Schindler hatte zwei Assistenten dabei, die ihm sein Gepäck schleppten, Bäume fällten und Pflanzenproben pressten. Der eine war ein Indianer aus der Vaupés-Region, wo man das Yage anders zubereitet als bei den Kofan-Indianern vom Putumayo. Die Kofan hacken die Yage-Rebe in zwanzig Zentimeter lange Stücke und nehmen ungefähr fünf solche Stücke pro Person. Die Stücke werden mit einem Felsbrocken zerstampft, und dann werden sie aufgekocht mit zwei Handvoll Blättern von einer Pflanze, bei der es sich vermutlich um *ololiqui* handelt. Diese Mixtur wird mit ein bisschen Wasser den ganzen Tag lang gekocht, und am Ende bleibt ein knapper Zehntelliter Flüssigkeit übrig.

In der Vaupés-Region nimmt man ein etwa neunzig Zentimeter langes Stück und schabt die Innenseite der Rinde ab. Das ergibt reichlich eine doppelte Handvoll Fasern. Die Fasern werden mehrere Stunden lang in einem Liter kaltes Wasser eingeweicht, dann wird die Flüssigkeit durch ein Sieb gegossen und über einen Zeitraum von einer Stunde getrunken. Bei der Zubereitung werden hier keine weiteren Pflanzen verwendet.

Ich beschloss, ein bisschen Yage à la Vaupés zu probieren. Der Indianer und ich nahmen uns eine Rebe vor und schälten mit unseren Macheten die Rinde ab (die Fasern an der Innenseite sind am gehaltvollsten). Das nasse Faserzeug ist zunächst weiß, doch sobald es mit der Luft in Berührung kommt, verfärbt es sich beinahe augenblicklich rot. Die Töchter der Puffmutter vom Hotel sahen uns zu, zeigten mit den Fingern auf uns und kicherten. Das ist strikt gegen das Putumayo-Protokoll für die Zubereitung von Yage. Frauen, so hatte mir der *brujo* in Mocoa erklärt, dürften dabei nicht zusehen, sonst werde das Yage auf der Stelle schlecht, und wer das Zeug trinke, werde entweder vergiftet oder mindestens wahnsinnig. Der alte Humbug von wegen »Frauen sind schmutzig und unter gewissen Umständen sogar giftig«. Ich sagte mir, dies sei eine gute Gelegenheit, um dem Mythos von der weiblichen Verschmutzungsgefahr ein für alle Mal auf den Grund zu gehen, nachdem mir hier sieben weibliche Wesen über die Schulter sahen, mit Zweigen in der Mixtur herumrührten, das Yage befingerten und dazu kicherten.

Der kalte Aufguss hat eine hellrote Farbe. Am Abend trank ich einen Liter davon, auf einen Zeitraum von einer Stunde verteilt. Abgesehen von blauen Lichtblitzen und einer leichten Übelkeit (die allerdings nicht zu Erbrechen führte) glich die Wirkung in etwa der von Marihuana. Lebhafte bildliche Assoziationstätigkeit, Stimulation des Lustempfindens, unfreiwilliges blödes Kichern. Es traten bei dieser Dosierung weder Angstzustände noch Halluzinationen auf, und ich verlor auch nicht die Gewalt über meinen Körper. Ich schätze, dass die Dosis etwa ein Drittel von dem war, was mir der *brujo* verabreicht hatte.

Am folgenden Tag ging es flussabwärts nach Puerto Espina, wo uns der Gouverneur in seinem Haus unterbrachte (das heißt, wir kriegten ein paar leer stehende Zimmer unterm Dach, wo wir unsere Hängematten aufspannen konnten). Zwischen den Kolumbianern und den Briten kam eine frostige Atmosphäre auf, als die Kolumbianer morgens einfach nicht den Hintern aus der Matte kriegten und die Briten sich daraufhin beschwerten, die Arbeit der Kakao-Kommission werde hier von ein paar »stinkfaulen Kanaken« sabotiert.

Jeden Morgen wollen wir frühzeitig zu unserem Trip in den Dschungel aufbrechen. Gegen elf Uhr beenden die Kolumbianer ihr Frühstück (wir anderen hängen schon seit acht herum und warten), und jetzt beginnen sie sich nach einem inkompetenten Führer umzusehen, vorzugsweise jemandem mit einer Finca in der Nähe der Stadt. So gegen dreizehn Uhr treffen wir in der Finca ein, und die nächste halbe Stunde geht mit Mittagessen drauf. Dann sagen die Kolumbianer: »Die sagen hier, bis zum Dschungel ist es noch weit. Ungefähr drei Stunden. Das schaffen wir heute nicht mehr.« Also wieder zurück in die Stadt, und unterwegs sammeln die Kolumbianer einen Haufen Pflanzenzeug auf. »Solange die irgendwelches Unkraut aufsammeln können, ist ihnen alles andere scheißegal«, sagte einer der Engländer zu mir, als wir wieder einmal von einer Expedition zur nächstgelegenen Finca zurück waren.

Aus Puerto Espina sollte man angeblich per Flugzeug rauskommen können. Schindler und mir war mittlerweile sehr daran gelegen, wieder nach Bogotá zurückzukehren. Wir sitzen also da in Puerto Espina und warten auf dieses Flugzeug, und der Mann von der Fluggesellschaft hat kein Funkgerät und auch sonst keine Möglichkeit, um festzustellen, wann das Flugzeug ankommt (falls es überhaupt je ankommt), und er sagt: »Jungs, ich schwörs euch beim Arsch des Propheten – eines Tages schaut ihr hoch und da seht ihr die *Catalina* hier übern Fluss kommen und in der Sonne glitzern wie ein Silberfisch.«

Da sag ich also zu Doc Schindler: »Wir können hier rumsitzen und Domino spielen, und bis dieses verstunkene Flugzeug hier eintrudelt, sind wir alt und tattrig. Und der Fluss steigt jeden Tag höher, und wie sollen wir den raufkommen, wenn in Puerto Espina jeder Außenbordmotor im Eimer ist?«

(Die Besitzer dieser Apparate murksen hier ständig an den Dingern herum, nehmen sie auseinander und schmeißen alles weg, was sie für unwichtig halten, sodass hier nie ein Motor läuft. Die Bootsbesitzer verfügen über den Erfindungsreichtum eines Rube Goldberg und bringen es immer wieder fertig, dem Motor noch ein paar allerletzte Umdrehungen zu entlocken – aber wir wollten ja schließlich flussaufwärts. Den Fluss runter kommst du immer, egal, ob der Motor läuft oder nicht, aber fluss*aufwärts* gehts nicht ohne irgendeine Form von Antrieb.)

Sicher, zuerst findet man es vielleicht ganz romantisch, aber warte mal, wie es nach fünf Tagen aussieht, wenn du dir den Arsch wundgescheuert hast und in Indianerhütten pennst und *hoka* frisst und immer wieder dieses undefinierbare Fleisch, das aussieht wie der geräucherte Pansen eines vergrätzten Paarhufers, und die ganze Nacht hörst du sie an diesem Motor rumpfuschen – sie haben ihn draußen auf der Veranda angeschraubt – ›buuuuurt spluuuu … ut … spluuuu … ut‹, immer wieder springt er an und säuft wieder ab, und du kriegst die ganze Nacht kein Auge zu. Und dann fängt es an zu regnen, und am Morgen wird der Fluss wieder ein Stück gestiegen sein.

Also sag ich zu Schindler: »Doc, eher schwimm ich aufm Floß zum Atlantik runter, als dass ich nochmal diesen verschissenen Fluss raufmache.«

Und er sagt: »Bill, ich hab nicht fünfzehn Jahre in diesem mistigen Land abgerissen und im Dienste der Wissenschaft sämtliche Zähne verloren, ohne mir das eine oder andere zu merken. Also: da unten in Puerto Leguisomo haben sie Militärflugzeuge, und ich weiß zufällig, dass der Commandante ein Latah ist.« (Latah ist ein Zustand, den man in Südostasien antrifft. Wenn einer Latah ist, führt er – obwohl ansonsten ganz normal – wie unter Zwang jeden Befehl aus, den man ihm gibt. Man braucht ihn nur auf sich aufmerksam zu machen, indem man ihn antippt oder beim Namen ruft.)

Schindler setzte sich also nach Puerto Leguisomo ab, während ich in Puerto Espina auf meinen Rückflug mit denen von der Kakao-Kommission wartete. Jeden Tag rückte ich bei dem Typ von der Fluggesellschaft an, und jedes Mal tischte er mir wieder den gleichen Bullshit auf. Er zeigte mir eine fürchterliche Narbe auf seinem Rücken. »Machete«, sagte er. Zweifellos von einem verzweifelten Bürger, den die endlose Warterei auf sein Flugzeug so zermürbt hatte, dass er durchdrehte.

Die Kolumbianer und die von der Kakao-Kommission machten einen Abstecher zum San Miguel, und ich war allein in Puerto Espina und genoss den grauenhaft fetten Fraß im Haus des Commandante. Reis und gebackene *plátano*-Kuchen, und das drei Mal am Tag. Ich ging dazu über, die *plátanos* unauffällig in meine Taschen zu stopfen und später wegzuschmeißen. Der Commandante erwähnte immer wieder, wie sehr Schindler das Essen in seinem Hause schätze – (Schindler ist ein alter Hase, was Südamerika angeht ; er kann einem wirklich was erzählen) –, ob es mir auch schmecke? »Hervorragend«, sagte ich dann immer mit ersterbender Stimme. Nicht genug damit, dass ich sein fettiges Zeug runterwürgen muss – ich muss auch noch sagen, dass es mir schmeckt.

Der Commandante wusste von Schindler, dass ich ein Buch über »Marihuana« geschrieben hatte. Von Zeit zu Zeit sah ich in seinen stumpfen verschleimten Augen ein deutliches Misstrauen aufflackern.

»Marihuana degeneriert das Nervensystem«, sagte er und schaute von einem Teller *plátanos* hoch.

Ich sagte ihm, er müsse dringend mal Vitamin B1 nehmen, und er sah mich an, als habe ich ihm ein Rauschgift empfohlen.

Der Gouverneur begegnete mir äußerst kühl und ungnädig, nachdem ein Benzinkanister der Kakao-Kommission auf seiner Veranda ausgelaufen war. Ich rechnete jeden Augenblick damit, aus seinem Palast evakuiert zu werden.

Die Kakao-Kommission und die Kolumbianer kamen von San Miguel zurück, und das Zerwürfnis war mittlerweile total. Die Kolumbianer hatten eine Finca entdeckt und dort drei Tage lang im Schlafanzug auf der faulen Haut gelegen. In Abwesenheit von Schindler war ich der einzige Puffer zwischen den beiden verfeindeten Parteien, und jede hatte mich im Verdacht, insgeheim auf der Seite der anderen zu stehen (ich hatte mir von einem der Kolumbianer eine Flinte geborgt, fuhr aber im Boot der Kakao-Kommission mit).

Wir fuhren den Fluss hinunter nach Puerto Leguisomo, wo uns der Gouverneur auf einem Kanonenboot unterbrachte, das auf dem Putumayo vor Anker lag. Von Kanonen war allerdings nichts zu sehen. Ich nehme an, sie benutzten das Ding als schwimmendes Hospital.

Das Schiff war dreckig und verrostet. Die Wasserleitung funktionierte nicht, und das WC befand sich in einem unaussprechlichen Zustand. Die kolumbianische Flotte ist restlos verschlampt. Würde mich nicht wundern, wenn ich erleben müsste, dass einer aufs Deck scheißt und sich den Arsch mit der Nationalflagge abwischt. (Das kam mir in einem Traum, in dem ein altertümliches Englisch aus dem 17. Jahrhundert gesprochen wurde. »Die englischen und französischen Delegierten schissen auf den Fußboden, und sie rissen den Vertrag von Sevilla in Streifen und wischten sich damit in ausgelassener Fröhlichkeit ihre Hinterteile ab, worauf der spanische Delegierte, als er dies gewahr wurde, die Konferenz verließ.«)

Puerto Leguisomo ist benannt nach einem Soldaten, der sich 1940 im Krieg gegen Peru auszeichnete. Ich fragte einen der Kolumbianer danach, und er nickte und sagte: Leguisomo war ein Soldat, der im Krieg was Großes geleistet hat.«

»Was denn?«

»Na, *irgendwas.*«

Der Ort sieht aus, als habe er gerade eine Überschwemmung hinter sich. Verrostete Maschinen liegen verstreut in der Gegend herum. Riesige Schlammpfützen mitten in der Stadt. Unbeleuchtete Straßen, auf denen man bis zu den Knien einsinkt.

Vor blau gekachelten *cantinas* hocken die fünf Nutten der Stadt. Die jungen Kerle von Puerto Leguisomo drängen sich um sie herum mit der regungslosen und lauernden Konzentration von läufigen Katern. Die Nutten, umtost vom Lärm der Jukebox-Musik, sitzen an den schwülen Abenden unter einer einsamen nackten Glühbirne da und warten.

Als ich mich in der Umgebung von Puerto Leguisomo umhörte, stellte sich heraus, dass Yage von den Eingeborenen wie von den Weißen regelmäßig genommen wird. Fast jeder zieht sich das Zeug in seinem Gemüsegarten.

Nach einer Woche in Leguisomo erwischte ich einen Flug nach Villavicencio, und von dort fuhr ich mit dem Bus nach Bogotá.

Und da sitze ich also wieder einmal in Bogotá. Es ist kein Geld für mich da (der Scheck wurde anscheinend geklaut), und ich muss mich durchschnorren, indem ich mir den Alkohol für meine Drinks aus dem Labor der Universität zusammenstehle, wo ich als durchreisender Wissenschaftler freien Zutritt habe.

Habe mir im Institut die relativ einfache Prozedur erklären lassen, wie man die Yage-Alkaloide aus der Rebe extrahiert. Meine Experimente mit diesem Yage-Extrakt haben allerdings zu keinem schlüssigen Ergebnis geführt. Ich kriegte keine blauen Lichtblitze, und es kam auch nicht zu einer spürbaren Steigerung der bildlichen Vorstellungskraft. Konnte jedoch eine aphrodisierende Wirkung feststellen. Der Extrakt macht mich schläfrig, während die frischen Fasern anregend wirken und in zu hoher Konzentration zu Krämpfen und Vergiftungserscheinungen führen.

Jeden Abend gehe ich in ein Café, bestelle mir eine Flasche Pepsi-Cola und kippe meinen Alkohol aus dem Labor rein. Die Bevölkerung von Bogotá lebt in Cafés. Es gibt unzählige, und sie sind immer gerammelt voll. Die Standardkluft der Café-Society von Bogotá besteht aus einem Gabardine-Trenchcoat plus selbstverständlich Anzug mit Krawatte. Einem Südamerikaner kann der Arsch aus der Hose hängen, aber einen Schlips hat er immer um.

Bogotá wirkt im Grunde wie eine Kleinstadt, wo man ängstlich auf seine Garderobe achtet und den Eindruck zu erwecken versucht, als bekleide man einen wichtigen Posten.

Eines Abends saß ich in einem Stammlokal der Liberalen. Drei Typen von einem zivilen Rollkommando der Konservativen kamen herein und brüllten »*Viva los Conservadores!*« Wollten anscheinend sehen, ob sich jemand provozieren ließ, sodass sie ihn umnieten konnten. Der eine war eine großmäulige Type in mittleren Jahren. Die beiden anderen hockten sich hin und ließen ihn das Brüllen besorgen. Sie waren jünger, Typ Laufbursche und Eckensteher und Kleinkrimineller. Schmale Schultern, spitznäsige Visagen, straffe rote Haut, schlechte Zähne. Es war fast wie im Film. Die beiden jungen Ganoven sahen ein bisschen betreten drein, als würden sie sich schämen wie der junge Mann in dem Limerick, der sagt: »Ich gebe zu, ich hab was von nem kleinen blöden Scheißer.«

Alle standen auf, verlangten die Rechnung und gingen, und der großmäulige Typ brüllte sein »*Viva El Partido Conservador!*« vor leerem Haus.

Wie immer,
Bill

Die Kellnerin

Fanny Buitrago

Das Artillero verdankte seine Beliebtheit dem Umstand, dass es in der Nähe der Universität lag. Das Bier war gut und das Essen billig. Es wurde, wie ein englischer Club, der Frauen verschlossen war, ausschließlich von Männern besucht, sodass man dort auch zum Studieren kam. Der Wirt, ein bulliger Typ mit einem lauten, aggressiven Humor, verschreckte weibliche Gäste mit seinen obszönen Reden und seinem Mördergesicht, das vor Sentimentalität zerfloss, wenn er am Freitagabend Musik hörte und seiner Jugendliebe Rosalinda nachtrauerte, die ihm im Trubel des Lebens abhanden gekommen war.

Adrián hatte sich daran gewöhnt, in dem Lärm zu lesen und ohne eine Spur von Nervosität den Polizisten, die gelegentlich hereinschauten, seinen Ausweis zu zeigen. Sogar die alten Boleros von Lupita Palomera, Elvira Ríos und Leo Marini gefielen ihm mit der Zeit. Er mochte die Kneipe. Er fand es bequemer, hier zu essen als zu Hause; so brauchte er nicht einzukaufen, zu kochen und abzuwaschen. Außerdem hatte er sich in die Kellnerin mit der Nummer vier verliebt.

Die Nummer vier schaute keinem in die Augen. Sie war schlank, hatte schöne Brüste und schlanke Fesseln und lief ernst und unnahbar zwischen den Tischen umher. Sie war weder hochnäsig noch unterwürfig, sondern ging sachlich ihrer Arbeit nach. Keiner der Gäste wagte es, sie anzufassen, und sogar der Wirt, der die anderen Kellnerinnen wegen der geringsten Nachlässigkeit beschimpfte, behandelte sie mit Hochachtung.

Während er vor einer Tasse Kaffee oder einem Glas Bier saß, versuchte Adrián, ihre Aufmerksamkeit auf sich zu lenken, freilich ohne Erfolg. Weder seine vorsichtigen Komplimente noch seine Wohlerzogenheit, ja, nicht einmal sein vom Tennis trainierter Körper machten Eindruck auf sie. Seine Avancen ließen sie völlig kalt. Und auf seine Versuche, ein Gespräch anzufangen, reagierte sie mit »Ja ... Nein ... Gut ... Genau ... Sofort ... Nein ... Danke«. Das Abwischen der Tische, das Servieren, Kassieren, Herausgeben des Wechselgeldes ging ihr rasch von der Hand, sodass es nicht leicht war, sie am Tisch festzuhalten. In all den Wochen, in denen er sich um sie bemühte, war es ihm nicht ein einziges Mal gelungen, ihr ein Lächeln zu entlocken oder einen Blick aus ihren schwarzblauen Augen auf sich zu ziehen.

Schließlich kam er auf die Idee, sich das Auto seiner Tante Luz auszuleihen, einen glitzernden Mercedes, der meistens in der Garage stand. Es war Samstag. Und er wartete geduldig vor dem Lokal, denn er wusste, dass sie am Nachmittag frei haben würde. Aber auch der Mercedes beeindruckte sie nicht. Sie lehnte seine Einladung zu einer Spazierfahrt rundweg ab. Ohne eine Miene zu verziehen, schüttelte sie den Kopf.

»Nein, danke.«

Und so blieben all die schönen Worte, die er sich zurechtgelegt hatte, ungesagt.

Sie trug einen karierten Rock, eine blaue Bluse und ein schwarzes Jackett und bahnte sich einen Weg durch die Menschenmenge, die sie feindselig anstarrte. Es war kalt, und während er ihr nachschaute, dachte er, wie schutzlos sie doch ohne ihre weiße Schürze aussah. Aber er versuchte nicht, sie aufzuhalten.

Nach der Enttäuschung über das missglückte Rendezvous kam er auf die Idee, seine Tante Luz zum Tee einzuladen. Die Blätterteigschnitten und Windbeutel, die sie, begleitet vom Geschnatter seiner Kusine María Lucía, in sich hineinschaufelte, zahlten sich für ihn aus. Sie schenkte ihm dreitausend Pesos und bot ihm an, das Auto so oft zu benutzen, wie er wolle – eine Gefälligkeit, die nicht ohne Hintergedanken war, denn sie und die ganze Familie hätten es gern gesehen, wenn Adrián und ihre Tochter María Lucía, die Erbenkelin der reichen alten Doña Gunda Vengoechea, ein Paar geworden wären. Als ob er, Adrián, nicht längst bis über beide Ohren in eine Andere verliebt wäre!

Noch am selben Nachmittag kaufte er die silbernen Ohrringe, die nach der letzten Mode gearbeitet waren. Er ließ sie in Seidenpapier einwickeln, und anschließend betrank er sich. Die ganze Nacht träumte er davon, mit der Kellnerin zu schlafen. Er sah ihre olivfarbene Haut und darauf die leuchtenden Ohrringe.

Am Montag war das Artillero fast leer, nur ein paar Studenten umlagerten die Musikbox. Der Wirt saß mit seinem aufgedunsenen Gesicht und den triefenden Augen sturzbetrunken an einem Tisch und war in seinen Gedanken bei Rosalinda. Die Nummer vier nahm sein Geschenk, ohne zu zögern, an.

»Danke«, sagte sie. »Vielen Dank.«

Zwei Wochen danach – sie hatte die Ohrringe weder getragen noch ein Wort darüber verloren – fragte sie ihn: »Sie, wie heißen Sie?«

»Adrián Urdaneta«, antwortete er. »Ich heiße Adrián.«

»Samstag habe ich frei. Wenn Sie möchten…«

»Wo treffen wir uns?«, unterbrach er sie ungeduldig.

Sie ging darauf nicht ein, sondern sagte: »Ich möchte Sie

um einen Gefallen bitten.« Dabei schaute sie auf den Tisch und wischte mit einem roten Tuch leicht darüber.

»Was immer Sie wollen«, sagte er voller Eifer. Doch dann nahm er sich zusammen. Er durfte sein Verlangen nicht so offen zeigen.

Die schmale Hand mit den von der Arbeit rissigen Fingernägeln hielt plötzlich inne. Die junge Frau knüllte das Tuch zusammen, schaute ihn fest an und sagte: »Begleiten Sie mich am Samstag. Ich muss verreisen.« Aus dem Ausschnitt ihres Kleides zog sie ein sorgfältig gefaltetes Blatt, das aus einem Schulheft herausgerissen war. »Um vier Uhr früh. Hier die Adresse.«

Lange vor der verabredeten Zeit wartete Adrián an dem vereinbarten Ort. Er war wie im siebten Himmel. Er war beim Friseur gewesen und hatte seinen besten Anzug angezogen. Er fieberte vor Erwartung und hatte deshalb auch nichts gegessen. Die Adresse war das Velotax-Terminal, das morgens einem Vorhof der Hölle glich. Die Leute drängten sich an den Schaltern, die Hunde kläfften, die Losverkäufer schrien durcheinander. Ganze Familien kamen angehetzt und schleppten zum Bersten voll gepackte Koffer, Esskörbe und Töpfe mit gesalzenen Kartoffeln, Würsten, Maisbrei, Innereien, Schmorfleisch, andere trugen Kleiderbündel, Ölkanister und stinkenden Stockfisch.

Als er schon glaubte, er habe sie in dem Gewimmel übersehen, trat sie heran, und damit war alles andere ausgelöscht: das Geschrei, der Dreck, der Gestank. Sie trug Trauer, das asketische Schwarz mittelalterlicher Nonnen und der Frauengestalten von García Lorca, neben dem jedes weltliche Accessoire – durchsichtige Strümpfe, hohe Absätze – wie eine Frivolität gewirkt hätte.

Adrián, der sie eigentlich mit einem Kuss begrüßen wollte, brachte nicht mehr heraus als ein sprödes »Guten Morgen«.

»Gehen wir«, sagte sie.

»Wohin?«, fragte er und wies auf die Schalter.

Die Nummer vier schüttelte kaum merklich den Kopf. Eine Geste, an die er sich noch Jahre später erinnern sollte, als die Erinnerung an die Frau mit der Olivenhaut längst verblasst war.

»Ich hab die Fahrkarten schon gekauft«, sagte sie. Sie führte ihn durch die Menge zu einer mit Fliegendreck übersäten Glastür am Ende eines schmalen, schlecht beleuchteten Gangs, hinter der der Bus abfahrbereit stand.

Sie setzte sich ans Fenster. Adrián zog die Scheibe herunter. Ein eisiger Luftzug kam herein und vertrieb für einen Moment den Gestank von Erbrochenem und muffigen Kleidern, der sich zusammen mit dem von Seifenlauge und Desinfektionsmittel im Bus eingenistet hatte. Es sah nach Regen aus. Der Fahrer hatte das Radio auf voller Lautstärke laufen.

Ohne ein Wort zu wechseln, fuhren sie fast zwei Stunden dahin, eingekeilt zwischen den lärmenden Fahrgästen, die bei jedem Halt Bier, Sauermilch und Schnaps kauften und in sich hineingossen. Die Bauern, die unterwegs zustiegen, brauchten lange, um ihre Habe zu verstauen: mit Orangen und Bohnen gefüllte Säcke, Käfige voller Tauben und Enten, an den Beinen zusammengebundene Hühner. Eine Weile fuhr sogar ein Lamm mit. An jeder größeren Haltestelle stürzten sich Schwärme zerlumpter Frauen auf den Bus, um den Fahrgästen Honig, Brombeeren und in Bananenblätter gewickelte *tamales* zu verkaufen, auch Blumensträuße, die so schnell verwelkten, dass man ihnen dabei zuschauen konnte.

Adrián bot seiner Begleiterin *empanadas* und *masato* – Fleischtaschen und Maisbier – an, doch sie lehnte, wieder mit diesem kaum merklichen Kopfschütteln, ab. Während um sie herum geselchtes Schweinefleisch, Blutwurst, Hühnerkeulen, gebratenes Herz verschlungen und mit *refajo,* einem Gemisch aus Bier und Limonade, hinuntergespült wurden, spürte er einen brennenden Hunger und kam sich ein bisschen lächerlich vor.

An einer Biegung der Straße stiegen sie aus. Die Haltestelle war ein großes, altes Herrenhaus, von den Mauern bröckelte der Putz, aber mit seinen Säulen und hohen Giebeln erinnerte es noch immer an eine einst wohlhabende Hazienda. Jetzt waren eine Fleischerei mit angeschlossenem Restaurant, eine Autowerkstatt und die Toiletten für die Durchreisenden darin untergebracht. Die Nummer vier steuerte darauf zu und sagte, sie wolle einer Freundin, die in der Küche arbeitete, guten Tag sagen.

»Ich bin gleich zurück.«

Als sie verschwunden war, trat er in die Toilette, einen stinkenden Verschlag mit einer Pinkelrinne und einem angeschlagenen Waschbecken. Aus dem Wasserhahn kamen nur ein paar rostige Tropfen.

Als er in der Veranda Platz nahm, brachte ihm der Wirt einen doppelten Schnaps. Die Fleischerschürze, die er sich um den Bauch gebunden hatte, war starr vor eingetrocknetem, verkrustetem Blut.

»Señor …«

Adrián wandte sich um. Ein Junge von acht oder neun Jahren stand vor ihm. Er hatte einen eng sitzenden Hut auf, der tief in die Stirn gezogen war, und trug eine schmutzige *ruana* und Sandalen aus Sisalfasern. Seine Wangen waren von der Kälte gerötet. Er bot Adrián einen Strauß aus Glockenblumen, Löwenzahn und wilden Margeriten an, für zwanzig Pesos. Nebenan, in der Fleischerei, schleifte der Wirt, an den Ladentisch gelehnt, ein funkelndes Beil.

Adrián nahm den Strauß und gab dem Jungen sechzig Pesos. Ohne sich zu bedanken, verschwand er zwischen den Felsen und dem Gestrüpp auf der anderen Straßenseite. Adrián schaute zu dem Fleischer hinüber und dachte, der könnte mich mit dem Beil erschlagen und in Stücke hacken. Und wenn er das Fleisch an die Reisenden verkaufte, könnte er sogar noch Geld an mir verdienen. Eine dumme, unwirkliche Angst ergriff ihn. Am liebsten wäre er weggelaufen, als der Wirt herantrat, um ihm nachzuschenken, wieder einen Doppelten.

Kurz darauf kam sie zurück. Sie hatte sich die Hände und das Gesicht gewaschen und ein schwarzes Tuch übers Haar gelegt.

»Danke«, sagte sie, als sie den Strauß sah, und streckte die Hände danach aus, so begehrlich, als hätten sich die Blumen, die, wenn sie der Junge nicht gepflückt hätte, erfroren oder von den Kühen gefressen worden wären, in Gold und Edelsteine verwandelt. »Danke«, wiederholte sie. »Die werden meinem Sohn gefallen.«

Der Wirt kassierte, ohne sich die Mühe zu machen, das Wechselgeld herauszugeben.

Sie gingen einen schmalen, von den Schafen festgetretenen Pfad entlang und gelangten zu einem Friedhof mit weiß getünchten Kreuzen. Sie kniete vor einem kleinen Grab nieder, das sich durch ein Beet von Vergissmeinnicht, Amaryllis, Geranien und Azaleen von den anderen Gräbern abhob. Adrián half ihr, die Brennnesseln und Disteln, die sich zwischen den Blumen breitmachten, auszureißen. Dann zupfte er die trockenen Blüten ab und fuhr mit dem Finger über die Inschrift des Grabsteins. Der Name darauf lautete: José María.

»Ein schöner Stein, nicht wahr?«, sagte sie. »Ich hab ihn in Bogotá machen lassen.«

Danach holte er in einer Keksdose, die hinter dem Stein gelegen hatte, Wasser aus der Friedhofszisterne und sah ihr zu, wie sie die Blumen in eine Zementvase steckte, die – in Form einer Gondel – in den Grabstein gelassen war. Er schaute auf die Uhr, und während er daran dachte, dass die Zeit verrann, begann sie leise zu singen. Es war ein Kinderlied, aber ihre Stimme gab ihm eine andere Bedeutung, als erinnerte sie sich nicht an ein Kind, sondern an einen verlorenen Geliebten.

»Er hat gern Musik gehört«, sagte sie dann. »Beim Schlafengehen, beim Essen, auf der Straße, überall.«

Und begann, das Viacrucis zu beten.

Die Rückfahrt verlief genauso wie die Hinfahrt, nur dass noch mehr Trinker im Bus saßen, das Radio ausgeschaltet war und die Kinder schliefen. Es waren dieselben Verkäufer, die sich an den Haltestellen an die Fenster drängten, um ihre ärmlichen Waren anzubieten. Die Berge versanken in der Dunkelheit, über der Straße hing eine mehlige Staubwolke. Unentwegt war das Hupen der Lastwagen und Busse zu hören, die einander zu überholen versuchten. Adrián fror. Er war verwirrt. Sie saß neben ihm und kaute klebrige Pfefferkuchen, die sie beim Wirt mit dem blutverkrusteten Kittel gekauft hatte. Ohne ihn anzuschauen, ohne mit ihm zu reden. Es war, als säße sie neben einem Fremden. Oder als sei er gar nicht da.

Als sie am Velotax-Terminal ausstiegen, fragte er, ob sie mit ihm essen gehen würde. Wieder schüttelte sie kaum merklich den Kopf.

»Soll ich Sie nach Hause bringen?«

»Ja.«

Sie wohnte in der Candelaria, nicht weit vom Artillero. Es war ein altes Haus aus der Kolonialzeit, in dem die Zimmer einzeln vermietet wurden. Als sie das Licht einschalteten und durch den gepflasterten Flur gingen, huschten die Kakerlaken in die Wandritzen.

Das Zimmer war geräumig, das Fenster ging auf die Straße. Ein schmales Bett, zwei Stühle, eine Kommode. Der Fußboden war aus Holz und roch nach frischem Wachs. An den Wänden hingen Fotos, die ein Kind vom Tag seiner Geburt bis zum sechsten oder siebten Lebensjahr zeigten. Auf einem der letzten Bilder, die in einem Park aufgenommen waren, waren Mutter und Sohn auf einem Karussell zu sehen, in einem Wagen, der einer venezianischen Gondel glich: Darauf lächelte sie gelöst und mit einer Lebensfreude, die Adrián nie an ihr bemerkt hatte. Seltsam war, dass auf keinem der Bilder ein Mann zu sehen war, der Vater des Kindes. Es war, als werde er für die Liebe, die sie dem Kind entgegenbrachte, für ihren Stolz und ihre Freude nicht benötigt.

Adrián widerstand der Versuchung, sie nach ihm zu fragen, und doch musste es ihn geben. Er spürte, wie die Eifersucht in ihm aufstieg, und, als hätte sie seine Gedanken und Gefühle erraten, begann sie sich plötzlich auszuziehen. Sie liebten sich die ganze Nacht, und mitten in der Zärtlichkeit, die er empfand, wusste er auf einmal, dass sie von nun an Teil seines Lebens sein würde.

Am Montag ging er schon morgens ins Artillero, zur Stunde, als ihre Schicht begann.

»Hallo, meine Liebe«, flüsterte er, als sie an seinen Tisch kam. »Guten Tag, Señor.«

Die schwarzblauen Augen sahen ihn ausdruckslos an. »Ein Bier bitte.«

»Aguila oder Club Colombia?«

Seine Versuche, mit ihr ein Gespräch anzufangen, schlugen fehl. Das war an diesem Tag so, und so blieb es. Sooft er in den nächsten Wochen in das Café kam, entweder allein oder mit Freunden, ignorierte sie ihn völlig. Das Einzige, was sie von sich gab, war wieder: »Ja … Nein … Danke.«

Und eines Tages sagte Esteban, ein gutmütiger, dicklicher Medizinstudent mit einem Babygesicht: »Stell dir vor, eine Frau hat mich eingeladen, mit ihr auszugehen. Nächsten Samstag.« Er war kein Angeber, deshalb war er völlig glaubwürdig.

»Wer?«, fragte Adrián.

»Die da.«

»Die Nummer vier?« Er spürte, wie seine Handflächen feucht wurden.

Esteban nickte.

Er wartete nicht, bis die nächste Runde Bier gebracht wurde, sondern zahlte und ging auf die Straße hinaus. Er war ganz ruhig. Das Telefon an der Ecke wurde gerade frei. Ich sollte María Lucía anrufen, dachte er, während er in der Hosentasche nach einer Münze suchte. Doch dann ging er weiter.

Dann – und erst dann – setzte er sich

Juan Carlos Botero

»Das vergessene Staunen darüber, am Leben zu sein …«
Octavio Paz

Dann – und erst dann, als sie die Koffer mit den Taucherausrüstungen ins Boot geschafft, die Reißverschlüsse aufgezogen, Flossen, Masken, Messer, Harpunen und Ballastgürtel herausgeholt und alles auf die verschiedenen Fächer unter den Sitzen verteilt hatten, als die aufblasbaren Westen in einer Ecke verstaut waren, wo sie nicht störten, die vier Sauerstoffflaschen aufrecht an die Rumpfwand gelehnt und mit Gummibändern gesichert waren, damit sie auf der unruhigen Fahrt nicht umkippten und aneinanderstießen, ließen sie die beiden Außenbordmotoren an, und während Natalia die Taue löste und die Schlepptrosse und Fender einholte, stellte sich Alejandro ans Ruder und begann zu manövrieren, bugsierte das Boot vorsichtig vom Anleger, und als er sah, dass sie freigekommen waren, drückte er den Gashebel durch, sofort kam der Bug wie ein sich aufbäumendes Pferd aus dem Wasser, und das Boot schoss, eine weiße, breite Kielspur zurücklassend, dahin, sodass ihnen keine Zeit zum Ausruhen blieb, aber das machte nichts, denn schon ließen sie die Bucht hinter sich, das Boot schlängelte sich zwischen den Schatten des Felsenriffs hindurch, das unter der Wasseroberfläche heraufschimmerte, und als er aufs offene Meer hinaussteuerte, wurde ihnen bewusst, dass sie so begeistert von der Vorstellung gewesen waren, zum »Blue Hole« zu kommen, dass sie völlig vergessen hatten, was sie sich vorgenommen hatten: sich, bevor sie aufs Boot gingen, mit der Kühltasche in den Schatten einer Palme zu setzen, etwas zu trinken und eine Zigarette zu rauchen, aber das machte auch nichts, schließlich hatten sie über eine Woche darauf gewartet, dass der Wind nachließ, um zur Insel zurückkehren und tauchen zu können, obwohl sie wussten, dass in diesem Monat der heftigen Winde der Sturm gewöhnlich auf unbestimmte Zeit wütete und dass es unter diesen Bedingungen völlig unmöglich war, irgendwie auf der anderen Seite der Insel, und schon gar nicht an der Südspitze, anzulegen, und wenn sich der Anker löste oder die Kette brach, würden die schweren Brecher das Boot innerhalb von Sekunden an die Steilküste schleudern, und es würde an den Felsen zerschellen, doch als sie an diesem Morgen aufgewacht waren und in der Dämmerung aus dem Schlafzimmerfenster schauten, hatten sie gesehen, dass sich das Meer beruhigt hatte, der Wind strich sanft über das Bettzeug, die Palmenwedel bewegten sich kaum und ließen nur ein leichtes Flüstern vernehmen, und da hatten sie sich, ohne viel nachzudenken, schnell fertig gemacht, die Koffer mit der Taucherausrüstung aus der Garage geholt, sie auf die Rückbank ihres Landrovers geworfen und waren den Feldweg am Meer entlang zur Bucht gefahren, in der das an einer Mole vertäute Boot lag, und jetzt, da sie die Dünung durchschnitten und an der ersten Inselspitze vorbeikamen, lächelten sie, weil sie wussten, dass ihre Entscheidung richtig gewesen war, denn auf dem unendlichen Ozean zeigte sich nicht die kleinste Schaumkrone, und der Himmel war blau und wolkenlos, der richtige Morgen zum Tauchen, die Sonne brannte kräftig herab, aber die Brise auf dem dahinschnellenden Boot kühlte ihre Haut, dennoch holte Natalia für alle Fälle die Sonnenschutzcreme aus der Tasche, und nachdem sie sich selbst das Gesicht eingecremt hatte, verteilte sie etwas davon auf Alejandros Schultern, und als sie damit fertig war, begann sie die Kabine aufzuräumen, wickelte dann die Taue auf und sicherte sie, und als Alejandro sah, dass die Gänge freigeräumt waren, lächelte er und rief ihr, gegen den Motorenlärm anbrüllend, zu, dass sie ihre Ausrüstung vorbereiten solle, damit sie, wenn sie ankämen, gleich Anker werfen und sich ins Wasser lassen könnten, denn aus Erfahrung wusste er, dass ihnen bei diesen Arbeiten, wenn das Boot erst vor Anker lag, mit Sicherheit schlecht werden würde, da die See an dieser Stelle immer etwas unruhig war, dann sah er, wie sie ihre Sachen aus den Fächern hervorholte, eine der Sauerstoffflaschen nahm, das Geschirr an die Taucherweste hakte und die Gurte kräftig festzurrte, damit sie nicht plötzlich aufgingen, danach schraubte sie das Druckventil auf und öffnete den Hahn, worauf sich der Schlauch, wie lebendig geworden, aufrichtete, und nachdem sie am Manometer den Luftdruck überprüft hatte, holte sie den Ballastgürtel, schnallte sich das Messer an die Wade, spuckte mehrmals in die Maske und verrieb den Speichel auf dem Sichtfenster, und als sie fertig war, überließ ihr Alejandro, nachdem er ihr die Richtung und die zwischen Boot und Küste einzuhaltende Entfernung angegeben hatte, das Steuer, gab ihr einen Kuss auf die Wange und begann, ebenfalls seine Sachen vorzubereiten, nur dass er sich etwas mehr beeilte, weil er wusste, dass sie in wenigen Minuten das andere Ende der Insel erreichen würden, an dem durch den Zusammenfluss der Wasser, unabhängig von Jahres- und Tageszeit, Strudel und Unterströmungen auftraten, die äußerst schwierig zu berechnen waren, sodass ihm kaum Zeit genug für seine Ausrüstung blieb, bevor er das Ruder wieder übernehmen musste, um die Geschwindigkeit zu drosseln, damit der Bug nicht in Wellenkämme stieß, und so fuhren sie langsam und vorsichtig an der Küste entlang, bis sie vor sich plötzlich den weißen, zum Wasser hin abfallenden Sandstreifen sahen, der vom einen Ende der Insel bis zum anderen reichte, die hohen, sich zum Meer hin neigenden Kokospalmen, die auf den Palmenkronen lastende Nebeldecke, die sich nach oben hin auflöste, und die zerklüftete Wand des Riffs, das diesen Küstenstreifen gegen den unbarmherzigen Ansturm des Meers schützte, und während Natalia, den Arm um die Taille ihres Freundes gelegt, die Landschaft betrachtete, lenkte dieser das Boot auf das Schiffswrack zu, das von den Seeleuten als eine Art toter Leuchtturm genutzt wurde, der das Ende des Riffs markierte, und das den Fischern die besten Fischgründe anzeigte: das berühmte »Blue Hole«, während das Wrack in Wirklichkeit nichts anderes war als das verrostete Skelett eines in einer nebligen Nacht gestrandeten Frachters, und obwohl sich damals die ganze Mannschaft hatte retten können, indem sie an die Küste geschwommen war, wurde behauptet, dass der Kapitän jede Nacht am Strand Wache hielt, um das Desaster bis zum Schluss zu verfolgen, indem er dem langsamen, aber unerbittlichen Verrotten seines Schiffs beiwohnte, bis die Spuren des Unglücks und damit seiner Schande endgültig getilgt waren, und tatsächlich ragte dort das Gerippe empor, umleckt von den Wellen, bedeckt von Schalentieren und Möwen, die auf dem Wrack herumkreischten, als wäre es ein riesiges Nest aus verrostetem Eisen, dann lenkte Alejandro das Boot ein Stück näher heran und drehte es in den Wind, wich einem Korallenriff dicht unter der Wasseroberfläche aus, und als er glaubte, dass sie die richtige Position zum Wrack erreicht hatten und nun über dem ersten, etwa zwanzig oder dreißig Fuß tiefen Gefälle standen, sagte er zu Natalia, sie solle den Anker werfen, und sobald er gehört hatte, wie er auf dem Wasser aufschlug, wechselten sie sich wieder ab, die junge Frau übernahm das Ruder, um das Boot in Position zu halten, während Alejandro zum Bug sprang, um zu prüfen, ob der Anker am Grund angekommen war, er zog mehrmals an der Kette, hielt sie mit beiden Händen, und als er spürte, wie sie sich straffte, während das Boot in gleich bleibendem Abstand zur Küste auf den Wellen schaukelte, befestigte er das Ende am Ankerkettenhalter und sagte, sich begeistert die Hände reibend, zu Natalia, also dann, nichts wie runter, bevor das Wetter umschlägt, aber zuerst küssten sie sich lange, dann stellten sie den Motor ab und zwängten sich in ihre Taucheranzüge, legten die Gürtel mit den Gewichten um, schnallten sich die Sauerstoffflaschen auf den Rücken, schlüpften in die Schwimmflossen und zogen die Tauchermasken auf, Alejandro nahm für alle Fälle das Gummibolzengewehr, dann setzten sie sich gegenüber auf den Bootsrand, ließen sich rückwärts ins Wasser gleiten und tauchten sofort unter, um nicht mit dem Kopf von einer Welle gegen die Bordwand geschlagen zu werden, und wie immer wurden sie sofort vom Zauber des Meeres gefangen genommen, dieser erschütternd anderen, gelassenen und besänftigten Welt mit ihrer verwirrenden Stille, in der sich nur die Algen wiegten und die Strömung ein paar bunte Fischchen vorübertrieb, und obwohl der Meeresgrund sicher erschien, schwamm Alejandro als Erstes zum Anker hinab, um sich zu vergewissern, dass die Spitzen fest im Felsen saßen, und während er das Eisen untersuchte, an der Kette zog und sich davon überzeugte, dass sie sich, während sie unter Wasser blieben, nicht lösen würden, sah Natalia mit weit geöffneten Augen an der Kette entlang, die sich schräg durch das Wasser bis hinauf zur Silhouette des Bootsrumpfes spannte, der von den Wellen auf und ab gewiegt wurde, und als sich Alejandro zufrieden zeigte und Natalia ein Zeichen gab, indem er den Daumen an den Zeigefinger legte, schwammen sie mit leichten Flossenschlägen zum dunklen Rand des Abgrunds hinüber, wobei sie das Körpergewicht ausglichen, indem sie Sauerstoff in die Anzüge pumpten und hin und wieder einen Blick auf den Tiefenmesser und das Manometer warfen, um zu prüfen, ob alles in Ordnung sei, und nach ein paar Minuten erreichten sie den Rand des »Blue Hole«, wo sie anhielten, beeindruckt von der Tiefe und der plötzlichen Transparenz des Wassers, von diesem Türkisblau, in dem sich alles auflöste und das sich, langsam dunkler und undurchdringlicher werdend, unter ihnen ausdehnte, beide beugten sich über den Abgrund, aus dem die Stille, die durch das gelegentliche Aufsteigen von Bläschen noch verstärkt wurde, zu ihnen heraufdrang, und betrachteten die gewaltige, wie ein Felsen steil abstürzende Korallenwand, von der sich ein paar Säulen abgespalten hatten, und die Fischschwärme, die durch die unzähligen Löcher hinein- und hinausschwammen, und so verharrten sie, eingehüllt in die Wärme und Klarheit der Karibischen See, eine Weile über dem Rand des Abgrundes, bis sie endlich aus dem Zauber erwachten und ihren Weg nach unten fortsetzten, aber anstatt mit dem Kopf voran in die Tiefe zu gleiten, machten sie einen Schritt vor und ließen sich, ohne die Arme und Beine zu bewegen, vom Gewicht ihrer Ballastgürtel langsam in die Tiefe ziehen, wobei sie die Luft durch die Nase pressten, um den Druck auf den Ohren zu vermindern, und die riesige Korallenwand betrachteten, die mit ihren unzähligen Grotten und Spalten, mit ihren von phosphoreszierenden Farben erfüllten Vertiefungen und Löchern wie die Fassade einer Kathedrale an ihnen vorüberglitt, und während sie, erregt von so viel Macht und Schönheit, mit klopfenden Herzen langsam tiefer sanken, überraschten sie die Steinbarsche mit ihren oszillierenden Kiemen, die eingerollten Muränen mit den offenen Mäulern, die Meerbrassen, die sie im Davonschwimmen verstohlen musterten, die Seeigel mit den zarten Stacheln, die

Sägebarsche, die sich in ihrem Tarnkleid kaum von ihrer Umgebung abhoben, die Barrakudas mit ihren an zähnefletschende Hunde erinnernden Mäulern, die silbern glänzend auf sie zuschossen und plötzlich abdrehten, die Langusten, die mit ihren Insektenbeinchen an den Felsen klebten und ihre langen, dünnen Fühler ausstreckten, so fasziniert waren sie von allem, was sie sahen, dass sie gar nicht merkten, wie nah sie dem Grund schon waren, der in fast zweihundert Fuß Tiefe in einem gespenstischen Blau unter ihnen schimmerte, aber sie waren nicht beunruhigt und sanken weiter, bis sie, mit den Schwimmflossen Sandwolken aufwirbelnd, den Meeresboden erreichten, dann blickten sie nach oben und sahen die Korallenwand, die neben ihnen wie ein Wolkenkratzer im Wasser emporragte, der Sandboden, auf dem sie standen, war von kleinen Dünen übersät, die wie Falten in einem nicht straff gezogenen Leintuch aussahen, dreißig Meter weiter neigte er sich, um wieder steil abzufallen, ein neuer Abgrund, dessen Tiefe schwer einzuschätzen war, dann hielt Alejandro die Hand mit den abgespreizten Fingern in die Höhe, um Natalia mitzuteilen, dass sie nicht länger als fünf Minuten hier unten bleiben sollten, und in diesem Augenblick sahen sie zwei große Rossmakrelen auf sich zuschwimmen, die, von den aufsteigenden Luftbläschen angezogen, mit ihren perlmuttfarben und blau schimmernden Rücken angeschwommen kamen und, zu ihrem Vergnügen, neugierig mit Alejandro zu spielen anfingen, indem sie um seine Maske herumkreisten und ihm in die Arme und Schultern zwickten, bis er sich genötigt sah, sie mit den Händen abzudrängen, und mitten in dieser harmlosen Balgerei, als er gerade den einen verscheucht hatte und den anderen mit der Hand wegschieben wollte, geschah der Unfall, denn, ohne jede Absicht, durchbohrte ihn Alejandro mit der Harpune, worauf der Fisch, im Kampf um sein Leben, daran zu zerren begann, das Wasser färbte sich dunkel von seinem Blut, das in dieser Tiefe nicht rot, sondern grün aussah, und Alejandro ihn an sich heranzog und, um seine Leiden zu beenden, die Harpune noch tiefer in ihn hineinstieß, aber der Fisch gab nicht auf, sondern zerrte noch heftiger an der Harpune und verwickelte sich in ihrer Leine, drehte sich, zuckend und eine spiralenförmige Blutspur hinterlassend, im Kreis, er kämpfte mit aller Kraft, sodass Alejandro, um dem Toben ein Ende zu bereiten, den Fisch erneut an sich heranzog, ihm die Finger in die Augen presste und ihn festhielt, während er mit der anderen Hand den Nebel aus Blut zu vertreiben suchte, worauf die Kräfte des Fischs endlich erlahmten, und er erstarrte, doch als Alejandro den dünnen Harpunenschaft herausziehen wollte, spürte er an dem Widerstand, dass die Spitze, die vielleicht von Rost oder Salz verklebt war, festsaß, jedenfalls sah er sich, nachdem er es nochmal versucht hatte, gezwungen, ihn Natalia zu geben, damit sie ihn mit beiden Händen festhielt, während er sich an der Spitze zu schaffen machte, deshalb stellte er sich vor sie hin, den Rücken zum offenen Meer, doch als er gerade anfangen wollte, ließ Natalia den Harpunenschaft los und wich zur Korallenwand zurück, und als er den Kopf hob, um zu sehen, was das bedeuten solle, und er ihre weit aufgerissenen Augen hinter dem Sichtfenster der Tauchmaske bemerkte, wusste er es sofort und drehte sich um, freilich ohne im ersten Moment etwas anderes zu erkennen als einen formlosen Körper, der, am ehesten vielleicht noch einem gespitzten Bleistift ähnlich, im Wasser einen Kreis um ihn zog, aber da sah er schon die träge Bewegung des riesigen Fischschwanzes, den unverwechselbaren Schnitt der Flossen, doch als er fast auf einen Meter herangekommen war, drehte der Hai ab, witterte das Blut und erforschte, gleichsam seine Schnelligkeit und Kraft vor ihnen ausstellend, die Umgebung, kehrte dann zurück und schwamm an ihnen vorüber, wobei Alejandro, der noch immer den blutenden Fisch in der Hand hielt, wie gelähmt seine schwarzen, ausdruckslosen Puppenaugen sah, das wie ein Halbmond geöffnete Maul, seine durch die erzeugte Strömung wogenden Kiemen, die beiden eng am weißen Bauch anliegenden Flossen und schließlich den Schwanz, der die Form einer Sense hatte und den Körper mit einer einzigen Bewegung gleichmäßig vorantrieb, und plötzlich sah Alejandro aus dem Augenwinkel einen weiteren Hai auftauchen, er kam von links, dann noch einer von rechts, und nun wurden es immer mehr, mal war es, als würden sie sich im Wasser vervielfältigen, mal als würden sie miteinander verschmelzen, angelockt vom Blut kamen sie, aus den entlegensten Tiefen auftauchend, immer näher, einige schienen beinahe den Sandboden zu streifen, während andere in Alejandros Augenhöhe schwammen und wieder andere über seinen Kopf hinwegglitten, wobei sich ihre dunkle Silhouette deutlich von der leuchtenden Oberfläche abzeichnete, und da begann er hastig an der Harpune herumzuhantieren, während Natalia noch immer wie versteinert an der Korallenwand lehnte, inzwischen kamen neue Haie heran, nun waren es so viele, dass sie nicht mehr zu zählen waren, und gerade als Alejandro klar wurde, dass die Gefahr, in der sie steckten, immer größer wurde, spürte er, wie sich die Harpunenspitze ein wenig bewegte, sodass er nochmal, jede plötzliche Bewegung vermeidend, versuchte, sie freizubekommen, schließlich zog er sie vorsichtig aus dem toten Körper des Fisches und schleuderte ihn so weit wie möglich von sich, aber der Fisch mit den Glupschaugen und dem zerfetzten Rücken schwebte gemächlich im Wasser, kehrte wie ein kleines Papierflugzeug zu ihm zurück und landete fast vor seinen Füßen, und sofort begann der Festschmaus, die Haie stürzten sich darauf und stritten sich um die Beute, indem sie um sich bissen, von Weitem heranschnellten und jäh abbremsten, manche schnappten den Fisch und rissen, ihn zwischen den Zähnen hin- und herschüttelnd, ein Stück heraus, während andere, die wie Torpedos durchs Wasser glitten, sich gegenseitig jagten, da spürte Alejandro, der, ohne es zu merken, ebenfalls bis zur Korallenwand zurückgewichen war, Natalias Hand an seinem Rücken, und als er sich umwandte, sah er, wie sie in ihrem Entsetzen die Luft in großen Zügen einsog, und dieses Bild zeigte ihm wieder das Ausmaß der Gefahr, aber er wusste nicht, was sie tun sollten, denn wenn sie sich bewegten, würden die Haie sie angreifen, aber wenn sie blieben, wo sie waren, würde ihnen in wenigen Minuten der Sauerstoff ausgehen, also tat Alejandro vorsichtig einen Schritt auf Natalia zu, tastete nach der Sauerstoffpumpe an ihrer Tauchweste, drückte ein-, zwei-, dreimal darauf, und nachdem er auch in seine Weste Sauerstoff gepumpt hatte, begannen sie langsam nach oben zu gleiten, Natalia, die sich hinter seinem Rücken zu verstecken versuchte, hielt sich an seinen Schultern fest, während er mit der Harpune die Angriffe der Haie abwehrte, weit schneller als sie waren die Luftblasen, die wie zitternde silbrige Perlen zur Oberfläche sprudelten, dennoch stiegen sie, während die Haie fast ihre Schwimmflossen streiften, langsam auf, und als sie sich endlich ein Stück aus dem Halbkreis der Haie gelöst hatten, spürte Alejandro wieder Natalias Hand, die ihm zu bedeuten schien, sich umzudrehen, und als er sich, ohne im Aufstieg innezuhalten, umwandte, fuhr sie sich, kaum dass sich ihre Augen trafen, mit dem Finger an der Kehle entlang, um ihm damit anzuzeigen, dass ihr Sauerstoffvorrat zu Ende ginge, worauf er ungläubig einen Blick auf ihr Manometer warf und sah, dass die Nadel tatsächlich auf die letzten Bar zuschnellte, und noch immer fehlte ihnen ein ganzes Stück bis zur Wasseroberfläche, da überprüfte Alejandro sein eigenes Manometer und sah, dass die Nadel noch beinahe tausend Bar anzeigte, und während er dachte, dass Natalia in ihrer Angst mehr Sauerstoff verbraucht haben musste als er, rechnete er voller Entsetzen aus, dass sein Vorrat für beide nicht ausreichte, aber wie auch immer, es blieb ihm nichts anderes übrig, als noch einmal tief Luft einzusaugen und dann sein Mundstück Natalia zu reichen, und nachdem sie ein paar Mal keuchend ein- und ausgeatmet hatte, gab sie es ihm zurück, er steckte es sich in den Mund und sog den frischen Sauerstoff ein, der mit voller Wucht in seine Lungen strömte, und so stiegen sie auf, schneller, als sie eigentlich sollten, unter ihren Schwimmflossen sahen sie noch immer die Haie umherschwimmen und sich um die Reste der Rossmakrele balgen, immer kleiner, von oben bald Eidechsen gleich, die über den Boden eines Steinbruchs huschten, und so glitten sie weiter nach oben, aber Alejandro wusste, dass die Gefahr noch nicht vorbei war, nicht nur wegen der Haie, sondern auch, weil sie zu lange unten geblieben waren und, ohne genügend Sauerstoff zu haben, zu schnell aufstiegen, sodass ihr Organismus keine Zeit hatte, sich den veränderten Druckverhältnissen anzupassen, es konnte noch immer etwas passieren, eine Stickstoffblase könnte in ein Gelenk gelangen mit unabsehbaren Folgen, sie könnten ohnmächtig werden oder aus Augen und Nase zu bluten beginnen, bestenfalls würde sie die Erschöpfung tagelang niederwerfen, dennoch war dies das Risiko, das sie eingehen mussten, wenn sie wieder an die Oberfläche gelangen wollten, und als Alejandro auf das Manometer schaute, sah er, dass ihr Sauerstoffvorrat auf dreihundert Bar gesunken war, aber über ihnen entdeckte er schon die winzigen Schaumkronen der sich brechenden Wellen, die der Wind über die Wasseroberfläche fegte, und so ging es inmitten eines Wirbels von Luftbläschen, denn sie versuchten, so viel Stickstoff wie möglich auszustoßen, weiter nach oben, als sie spürten, wie der Druck auf ihren Ohren nachließ, da sogen sie mit aller Kraft am Mundstück, um die letzten Reste aus der Sauerstoffflasche herauszuholen, es fehlten nur noch dreißig

Fuß, zwanzig, fünfzehn, zehn …, bis sie endlich erschöpft und keuchend die Wasseroberfläche durchstießen, sofort riss Alejandro Natalia die Maske vom Gesicht, und nachdem er sie gefragt hatte, wie es ihr ginge, und sie verwirrt mit dem Kopf genickt hatte, blies er ihre und seine Weste mit dem Mund auf, und sie schwammen zu dem auf den Wellen schaukelnden Boot, das sich zum Glück genau an der Stelle befand, wo sie es zurückgelassen hatten, und als sie den Rumpf berührten, verspürte Alejandro eine Erleichterung, wie er sie noch nie in seinem Leben empfunden hatte, aber er hatte keine Zeit, darüber nachzudenken, sondern er musste Natalia beim Ablegen der Ausrüstung helfen, er warf die Schwimmflossen und die Masken ins Boot, schob sie die Strickleiter hoch und reichte ihr die Sauerstoffflaschen, und als er sich selbst ins Boot geschwungen hatte, war er dankbar für den festen Boden unter seinen Füßen, Natalia sah ihn ungläubig an, als verstünde sie nicht, dass sie noch lebten, während er einen Augenblick innehielt, er atmete tief durch und betrachtete seine Hand, die auf der Bordkante lag, die hervortretenden Adern, die weißen Fingernägel und die gerunzelten Fingerkuppen, den Ankerkettenhalter am Bug, die straff gespannte Kette, die unablässig heranrollenden Wellen, lauter unwichtige Dinge, die plötzlich einen Sinn bekamen, allein aufgrund der Tatsache, dass er sie um ein Haar nicht wieder gesehen hätte, weder Natalias nasses Haar noch die leuchtenden Farben des Wassers, weder den hohen blauen Himmel noch die palmengesäumte Insel oder den durch die Luft schwebenden Pelikan, und auf einmal wurde ihm klar, dass er sterblich war, dann sah er Natalia an, die versunken zur Insel hinüberschaute, vielleicht dachte sie ebenfalls daran, dass alles auch ohne sie weitergegangen wäre, die Wellen wären weiter gegen den weißen Sandstrand gerollt, und die Möwen hätten genauso gekreischt, ohne sich im Geringsten darum zu kümmern, dass es sie nicht mehr gab, aber noch mehr erschreckte Alejandro die Erkenntnis, dass er sterben und, als sei das nicht genug, ohne eine Spur zu hinterlassen, von der Erde verschwinden konnte, und er begriff, dass das für ihn bis jetzt nichts anderes gewesen war als ein Wissen des Verstandes, dem das wahre Begreifen gefehlt hatte, sodass er nie auf den Gedanken gekommen war, er könnte selber davon betroffen sein, und nun spürte er die Gewalt des Lebens und der Vergänglichkeit mit einer solchen Intensität, dass er für einen Moment völlig verwirrt war, und dann, erst dann – setzte er sich.

Nachwort

Willkommen in Kolumbien! – Ein herzlicherer Empfang als der, den die Bevölkerung von Aracataca den eintreffenden ausländischen Künstlerinnen und Künstlern um Reisechronist *Ramón Chao* und die Band Mano Negra bereitet, ist wohl nur schwer vorstellbar. Und hier offenbart sich gleich zu Beginn dieser Anthologie die unvoreingenommene, frische Gastfreundschaft, die Herzlichkeit und Lebenslust der Menschen, die jedem Kolumbienreisenden unmöglich verborgen bleiben wird.

Der deutsche *Mik Berger*, frisch gebackener Ehemann einer Kolumbianerin, die er in der Hamburger U-Bahn kennengelernt hatte, erlebt, wie es ist, Teil einer kolumbianischen Familie zu sein, als er mit seiner Braut erstmals deren Eltern in Cali besucht. Nüchternheit, Berührungsängste, Ausgrenzung, steife Konvention – all das sind Fremdwörter für die Bewohner des ganzen Stadtviertels, wenn sie gemeinsam ihr schrilles Weihnachtsfest begehen.

Doch bereits in diesen ersten Textbeiträgen schwelen die allgegenwärtigen Probleme und Sehnsüchte der Menschen dieses zügellosen, nur schwer regierbaren Landes mit: Unterentwicklung, Gewalt, der Wunsch auszubrechen aus einer kleinen Welt, in der die Zukunft vorgezeichnet und – ach! – viel zu wenig möglich scheint.

Mein eigener Textbeitrag deutet den Einbruch der Zivilisation und das Vordringen staatlicher Strukturen in eine »gelähmte« Wildnis an, den Kampf von archaischer Tradition mit neuen Impulsen, die die Welt vielleicht – aber nicht unbedingt – besser machen werden.

Denn eine über Jahrhunderte gewachsene Kultur der Gewalt sorgt dafür, dass die Sicherheitslage weiterhin in etlichen Landesteilen zu wünschen übrig lässt. Traumata und Ängste beherrschen nach wie vor das Bewusstsein vieler Kolumbianer, die von Paramilitärs vertrieben wurden, Angehörige im politischen Konflikt verloren haben oder Opfer skrupelloser »Schlips-und-Kragen-Gangster« geworden sind. In den Buchläden der Hauptstadt widmen sich ganze Regale dem Thema der Gewalt, das in Kolumbien de facto sogar ein eigenes literarisches Genre ausfüllt.

Der abgehärtete Mafiagegner *Leoluca Orlando* aus dem italienischen Palermo, in Bogotá als Antikorruptionscoach tätig, vermag der schwierigen Situation in seinem Textbeitrag eine leise humoristische Seite abzutrotzen. *Alonso Salazars* Sozialreportage dagegen beschreibt den Überlebenskampf der unterprivilegierten Bewohner Medellíns in all seiner unverblümten Unerbittlichkeit: Verlierer ist und bleibt der zwischen den Fronten von Guerilla, Paramilitär, Armee und Banden aufgeriebene Bürger. Und wer sich selbst nicht zu helfen vermag, der geht unweigerlich unter.

Íngrid Betancourt steht kurz vor dem eigenen Untergang, als sie voller Verzweiflung und mit all der ihr möglichen Hingabe die seltene Möglichkeit nutzt, aus ihrer Geiselhaft im schwülnassen Dschungel einen Brief als Lebenszeichen zu senden – an ihre Mutter, die wiederzusehen sie in ihrer Situation kaum zu hoffen wagen kann. Welch wundersame Wiedergeburt sie empfunden haben muss, als es dem Militär im darauffolgenden Jahr gelang, sie aus den Händen der Guerilla zu befreien! An dieser Stelle will ich nicht versäumen, der vielen Verschleppten zu gedenken, die noch immer einem ungewissen Schicksal ausgeliefert sind und irgendwo in den labyrinthischen Wäldern auf ein Ende ihrer Qualen warten müssen.

Arturo Álape war selbst Guerillero – zu einer Zeit, als die Guerilla noch Ideale hatte und viel Zustimmung in der Bevölkerung genoss. Ihm verdankt diese Anthologie einen Text über die kolumbianischen Rebellen, der authentischer schwerlich sein kann: Er zeigt keine der in Europa vielbeschworenen Revolutionsromantik, sondern Armut, Aberglaube und allgegenwärtigen Tod.

Die deutsch-ecuadorianische Ethnologin *Jeanette Erazo Heufelder* sowie drei moderne Lichtgestalten der sehr hochentwickelten kolumbianischen Literatur – nämlich *Fernando Vallejo*, *Álvaro Mutis* und *Tomás González* – beschreiben eindrucksvoll alltägliches Leben, Arbeit, Sorgen, aber auch schillernde Opulenz in der Provinz.

Das »Kolumbien von früher« hingegen wird neu erlebbar in dem romantischen, hundertfünfzig Jahre alten Text von *Jorge Isaacs* oder in den mehr als zweihundert Jahre alten Reisenotizen *Alexander von Humboldts*. Beide Beiträge lassen den Leser feudalen Glanz, doch ebenso menschenverachtende Ausbeutung spüren; der Humanist Humboldt verhehlt nicht seine stille Genugtuung, wenn sich ein Stuhlträger im Gebirge an seinem unbarmherzigen »Reiter« zu rächen weiß.

Eine ganz andere Reise als der nüchtern beobachtende Wissenschaftler unternimmt *Henri Charrières* Papillon im Jahr 1934, welcher, dem Gefängnis Französisch-Guayanas vorerst entkommen, lebens- und liebeshungrig bei Indianern der Halbinsel Guajira landet, die ihn – den von seinen »zivilisierten« Landsleuten unwiderruflich Ausgestoßenen – sehr schnell in ihre vermeintlich barbarische Gemeinschaft integrieren.

Angesichts der wuchernden, globalisierten Großstädte Kolumbiens wird heute zu schnell vergessen, dass die Urwurzeln des Landes indianisch sind. Heute leben die verbliebenen indigenen Völker mehrheitlich zurückgedrängt im Hochgebirge oder im Dschungel, wo die stetig vorrückende Kolonisierung sowie der bewaffnete Konflikt ihre an sich verfassungsrechtlich garantierten Selbstverwaltungsgebiete bedroht. *José Eustasio Rivera* beschreibt in den Zwanzigerjahren des 20. Jahrhunderts einen Mythos aus dem Gebiet des heutigen Departamento Guaviare, in dem die indianische Urkraft noch über die als verdorben empfundene Zivilisation der weißen Eindringlinge zu triumphieren vermag. Anders *Alfredo Molano*, welcher eine indigene Frau aus Huila zu Wort kommen lässt, die mit ihrer Tradition des Kokakauens heute bereits zur kriminalisierten Außenseiterin der modernen Gesellschaft geworden ist.

Koka und Kokain prägen das Image Kolumbiens in der westlichen Welt, und Drogen waren es denn auch, die *William S. Burroughs* anlockten. Die Erinnerung verdrängend, in Mexiko seine Frau beim Nachspielen der Apfelszene aus Schillers *Wilhelm Tell* erschossen zu haben, reiste der drogensüchtige US-Amerikaner auf der Suche nach dem ultimativen Rausch zu indianischen Schamanen.

So einsam wie Burroughs – und doch auch einsam auf eine ganz andere Art – steht *Fanny Buitragos* Kellnerin in der Welt. In dieser Geschichte prallen männliche Fantasien und weiblicher Überlebenswille frontal aufeinander. Die Welt erscheint explosiv, eng, schmutzig, ohne Raum für Stille, voller Kalkül: Nichts, so scheint es, gibt es umsonst.

Im letzten Text haben zwar Frau und Mann zueinander gefunden und keinerlei existenzielle Probleme, aber es will ihnen selbst im Urlaubsparadies San Andrés nicht gelingen, der Hektik der täglichen Abläufe zu entrinnen. Doch die Natur, das erklärt der Autor *Juan Carlos Botero* eindringlich, ist mächtiger als der Mensch. Und zwingt zum Innehalten.

Ingolf Bruckner

Worterklärungen

AFAA (Association française d'action artistique) eine Organisation mit dem Ziel, die französische Kultur im Ausland zu verbreiten

Aguardiente Zuckerrohrschnaps, oft mit Anisgeschmack

Alfandoques mit Samen gefülltes Rohr, das als Rhythmusinstrument gebraucht wird

Alkaldia (eigentlich *Alcaldia*) Bürgermeisteramt, Rathaus

Aralen Medikament zur Behandlung von akuten Attacken einiger Malariastämme

Bambuco traditioneller Volkstanz aus den Departamentos Tolima und Huila

Blue Hole Tauchrevier in dem Korallenriff vor der zu Kolumbien gehörenden karibischen Insel San Andrés

Brujo Medizinmann, Hexer

Cabi blanco ein an einem Gurt befestigter Dolch

Campesino Bauer / Landbewohner

Cantina Taverne

Carguero Lastträger

Castrueras panflötenähnliches Musikinstrument

Cerveza Bier

Conquista (auch *Konquista*) der über ein Jahrhundert dauernde Prozess der Eroberung des mittel- und südamerikanischen Festlandes ab 1492

Drillichjacke bis 1892 Kleidungsstück im deutschen Heer

Endotrachealtubus medizinischer Schlauch, der zur Sicherung der Atemwege in die Luftröhre eingeführt wird

Entero-Vioform mittlerweile nicht mehr erhältliches Mittel gegen Darmbeschwerden

Escalona, Rafael (1927–2009) kolumbianischer Komponist und Sänger

Feria Jahrmarkt

Goldberg, Rube (eigentlich Reuben Lucius Goldberg, 1883–1970) US-amerikanischer Cartoonist

Gringo im Allgemeinen eine Bezeichnung von anderssprachigen, hellhäutigen Ausländern aus den USA und Europa sowie deren Gesellschaft, Kultur und Verhalten

Guaquero Schatzjäger, Grabräuber; hier: Smaragdsucher

Hermano Bruder

Jambuse »Rosenapfel«; tropische Baumfrucht

Melquíades Figur aus Gabriel García Márquez' Roman *Hundert Jahre Einsamkeit* (1967)

Millionarios (eigentlich *Club Deportivo Los Millonarios*) kolumbianischer Fußballverein aus Bogotá

Mockus, Antanas (geb. 1952) kolumbianischer Philosoph, Mathematiker und Politiker. 2001–2003 Bürgermeister von Bogotá

Nembutal Schlafmittel; heute nur noch zum Einschläfern von Tieren und bei der Sterbehilfe gebraucht

Oberst Buendía Figur aus Gabriel García Márquez' Roman *Hundert Jahre Einsamkeit* (1967)

Ololiqui Droge, gewonnen aus Samen verschiedener Windengewächse; von Indianern zu rituellen Zwecken genutzt

Pandereta Tamburin

Patio Innenhof

Patricia legendärer Smaragd, gefunden in der Mine Chivor (Departamento Boyacá)

Pinchao, Jhon Frank kolumbianischer Polizist, der fast neun Jahre lang Geisel der FARC war, drei davon zusammen mit Íngrid Betancourt. 2007 gelang ihm die Flucht

Plátano Kochbanane

Reales bis 1872 eine Währungseinheit Kolumbiens Reales

Ruana viereckiger, ärmelloser Wollumhang mit einer Öffnung in der Mitte, durch die der Kopf gesteckt wird (Poncho)

Sancocho traditionelle lateinamerikanische Suppe

Tamales in Bananenblätter verpackte Maisteigpastete, gefüllt mit Fleisch, Käse, Gewürzen und anderem

Tienda Laden

Tonusco Fluss in der Region Antioquia

Tracheotomie medizinischer Luftröhrenschnitt

Ursula Iguarán Figur aus Gabriel García Márquez' Roman *Hundert Jahre Einsamkeit* (1967)

Valle allgemein: Tal; auch: Kurzbezeichnung für die kolumbianische Provinz Valle del Cauca; gemeint ist hier das Flusstal des Río Cauca

Vallenato an der Karibikküste populäre Tanzmusik, gespielt mit Akkordeon, doppelköpfiger Trommel und Rumbagurke

Violencia (auch: *La Violencia*, 1948–1958) gewaltsamer Konflikt zwischen der liberalen und der konservativen Partei Kolumbiens, bei dem über 200 000 Kolumbianer starben

Viva los Conservadores! Es leben die Konservativen! (*El Partido Conservador:* die Konservative Partei)

Vives, Carlos (geb. 1961) kolumbianischer Sänger und Schauspieler

Yage (auch *Yagé* oder *Ayahuasca*) Droge, deren Stammpflanze wahrscheinlich die Liane *Banisteria caapi Spruce* ist

Yuca Maniok

Autorinnen und Autoren

Mit * gekennzeichnete Titel wurden für diese Anthologie vom Verlag neu gesetzt.

Arturo Álape

eigentlich Carlos Arturo Ruiz. Geboren 1938 in Cali, gestorben 2006 in Bogotá. Studierte Malerei in Cali. In den Sechzigerjahren *comandante político* bei der Guerillaorganisation FARC. Später Journalist und Schriftsteller. Nach Morddrohungen durch Paramilitärs lebte er 1987–1991 auf Kuba und 2001 in Hamburg. Zuletzt arbeitete er als Maler.

»Die schwarze Hummel«, aus: Peter Schultze-Kraft (Hg.), *Der Tag, an dem wir die Waffen vergruben.* Eichborn Verlag, Frankfurt a. M. 1982. © Erben nach Arturo Álape 2006. Aus dem Spanischen von Inke und Peter Schultze-Kraft.

Mik Berger

geboren 1958 in Hamburg. Bekannt als Verfasser von Kinderhörspielen und Kinderbüchern. Heiratete eine Kolumbianerin und hat bei zahlreichen Familienbesuchen in der Heimat seiner Frau viele Einblicke in die dortige Alltagskultur erhalten. Unterstützt in Cali ein Kinderhilfsprojekt.

»Hühnerfuß am Heiligabend«, aus: Mik Berger, *Kolumbien – sí o no? Eine Reise in die Rumba.* © Sonrrie Verlag, Bad Bramstedt 2008.

Íngrid Betancourt

geboren 1961 in Bogotá, aufgewachsen in Paris. Trat 2002 in Kolumbien als Präsidentschaftskandidatin der kleinen, wenig aussichtsreichen Partei *Verde Oxígeno* an, wurde jedoch während der Wahlkampagne von FARC-Rebellen verschleppt. Sie blieb sechs Jahre Geisel der Guerilla, hatte nahezu keinen Kontakt zur Außenwelt und konnte erst 2008 an den Ufern des Dschungelflusses Inírida vom Militär befreit werden. Sie lebt heute in Paris.

»Brief an meine Mutter«*, aus: Íngrid Betancourt, *Meine liebe Maman …* © für die Originalausgabe: Éditions du Seuil, Íngrid Betancourt, Mélanie und Lorenzo Delloye-Betancourt 2008. © für die deutsche Ausgabe: Verlag LangenMüller, München 2008. Aus dem Französischen von Barbara Sethe.

Juan Carlos Botero

geboren 1960 in Bogotá als Sohn des berühmten Malers und Bildhauers Fernando Botero. Studierte Literaturwissenschaft in Bogotá und Harvard. Kolumnist der renommierten Zeitungen *El Tiempo* und *El Espectador.* Lebt als Romanschriftsteller seit 2000 in Florida, USA.
»Dann – und erst dann – setzte er sich«, aus: Peter Schultze-Kraft (Hg.), *Und träumten vom Leben.* Edition 8, Zürich 2001. © Peter Schultze-Kraft 2001. Aus dem Spanischen von Sybille Martin und Gert Loschütz.

Ingolf Bruckner

Jurist und Buchautor, ist seit Jahrzehnten mit Äquatorialamerika und ganz besonders Guyana, Venezuela und Kolumbien verbunden.
»Mit Arturo in Casanare« ist ein Originalbeitrag für diesen Band. © Ingolf Bruckner 2011. Das Zitat zu Beginn des Textes ist dem Roman *Doña Barbara* von Rómulo Gallegos entnommen.

Fanny Buitrago

geboren 1943 in Barranquilla, wuchs in Cali auf und schloss sich in den Sechzigerjahren den Nadaisten an, einer nihilistischen Jugendbewegung. Sie lebt als Journalistin, Theaterautorin und freie Schriftstellerin in Bogotá. 1982 Gast des Berliner Künstlerprogramms des DAAD. 1984 Stipendium an der Universität Iowa.
»Die Kellnerin«, aus: Peter Schultze-Kraft (Hg.), *Hören wie die Hennen krähen.* Edition 8, Zürich 2003. © Peter Schultze-Kraft 2003. Aus dem Spanischen von Peter Schultze-Kraft und Gert Loschütz.

William S. Burroughs

geboren 1914 in St. Louis, Missouri, gestorben 1997 in Lawrence, Kansas. Hauptvertreter der Beat Generation und Ikone der Popkultur. Mit seiner Schnipseltechnik, wonach er Texte zerlegte und planlos neu zusammenfügte, inspirierte er viele andere Schriftsteller, gelangte aber auch aufgrund seiner Drogeneskapaden zu Berühmtheit. 1953 irrte Burroughs, nachdem er versehentlich seine Frau erschossen hatte, durch Südamerika und schilderte seine Erfahrungen in Briefen an seinen Freund Allen Ginsberg.
»Auf der Suche nach Yage«* (Briefe vom 25. Januar 1953 und 15. April 1953), aus: William S. Burroughs, *Junkie. Auf der Suche nach Yage. Naked Lunch. Nova Express.* Zweitausendeins, Frankfurt a. M. 1978. © William

S. Burroughs, Allen Ginsberg, 1963, 1975. Aus dem Amerikanischen von Carl Weissner.

Ramón Chao

geboren 1935 in Villalba, Spanien. Studierte Musikgeschichte in Paris, wo er sich – vor dem Franco-Regime fliehend – 1956 niedergelassen hatte. Journalistische Arbeit für *Le Monde*, *La Voz de Galicia* und andere Zeitungen. Er ist der Vater des Sängers Manu Chao, dessen Band Mano Negra er 1993 auf ihrer extravaganten Kolumbien-Tour begleitete.
»Im Gauklerzug nach Aracataca«*, aus: Ramón Chao, *Ein Zug aus Eis und Feuer – Mit Mano Negra durch Kolumbien*. © Edition Nautilus, Hamburg 2007. Aus dem Französischen von Andrea Scheunert.

Henri Charrière

geboren 1906 in Saint-Étienne-de-Lugdarès, Frankreich, gestorben 1973 in Madrid. Lehrersohn. In Paris Tresorknacker. 1932 wegen Mordes an einen Zuhälter zu lebenslanger Verbannung in Französisch-Guayana verurteilt. Von dort führte ihn ein Fluchtversuch bis auf die kolumbianische Halbinsel Guajira, wo er sieben Monate unter Ureinwohnern lebte. 1945 endgültig frei, erlangte er die venezolanische Staatsbürgerschaft. Berühmt wurde er durch seine teilweise autobiografischen Romane *Papillon* und *Banco*.
»Bei den Indianern«* (»Die Indianer«), aus: Henri Charrière, *Papillon*. Fischer Taschenbuch Verlag, Frankfurt a. M. 1972. © Éditions Robert Laffont 1970. © Aus dem Französischen von Erika Ziha und Ruth von Mayenburg.

Tomás González

geboren 1950 in Medellín. Philosoph und Schriftsteller, arbeitete sechzehn Jahre als Journalist und Übersetzer in New York. Seit 2002 ist er zurück in Kolumbien und lebt heute in Chía, einem Vorort von Bogotá.
»Arztsein in Medellín«*, aus: Tomás González, *Horacios Geschichte*. © Edition 8, Zürich 2005. Aus dem Spanischen von Peter Schultze-Kraft und Gert Loschütz unter Mitarbeit von Jan Weiz.

Jeanette Erazo Heufelder

geboren 1964 in Bayern als Tochter einer Deutschen und eines Ecuadorianers. Kindheit in Ecuador, Ethnologiestudium in München. Lebt in

Potsdam als Filmemacherin und Autorin mit Schwerpunkt Lateinamerika. Für ihr Buch *Der Smaragdkönig* recherchierte sie mehrere Wochen in den Minen des Departamento Boyacá und gewann das Vertrauen Victor Carranzas, des legendärsten und reichsten aller Smaragdunternehmer Kolumbiens.
»Aufstieg eines Smaragdsuchers«*, aus: Jeanette Erazo Heufelder, *Der Smaragdkönig. Victor Carranza und das grüne Gold der Anden.* © Piper Verlag, München 2005.

Alexander von Humboldt
geboren 1769 in Berlin, gestorben 1859 ebenda. Als »wahrer Entdecker Amerikas« gefeierter Naturwissenschaftler und Humanist. Mitbegründer der Geographie als empirischer Wissenschaft. Bereiste anlässlich seiner Forschungsexpedition durch die westliche Hemisphäre (1799-1804) auch das Gebiet des heutigen Kolumbien, darunter Cartagena, Mompox, Honda, Bogotá und das Quindío-Gebirge.
»Vor dem Quindío-Gebirge«*, aus: Alexander von Humboldt, *Die Wiederentdeckung der Neuen Welt.* Herausgegeben und übersetzt aus dem Französischen von Paul Kanut Schäfer. © Carl Hanser Verlag, München 1992.

Jorge Isaacs
geboren 1837 in Cali, gestorben 1895 in Ibagué. Sohn eines Großgrundbesitzers jüdisch-englischer Abstammung, der aus Jamaika eingewandert war. Mit sechzehn Jahren erstmals Soldat im Bürgerkrieg auf Seiten der Konservativen. Zwei Jahre später Bräutigam der vierzehnjährigen Felisa. Zeitweilig Konsul in Chile. Später wechselte Isaacs zu den Liberalen und wurde von seinen politischen Gegnern verfemt. *María*, die teils autobiografische Liebesgeschichte zwischen Efraín und seiner Cousine (erstmals veröffentlicht 1867) galt lange Zeit als das meistgelesene Buch Lateinamerikas.
»Blumen von María«*, aus: Jorge Isaacs, *María.* © Sonrrie Verlag, Norderstedt 2003. Aus dem Spanischen von Álvaro López Quijano.

Alfredo Molano
geboren 1944 in Bogotá. Soziologieprofessor, Journalist, Kolumnist der renommierten Zeitung *El Espectador*. In seiner Heimat Morddrohungen ausgesetzt, lebte er zeitweilig in Barcelona. Unternahm in abgelegenen

Regionen Kolumbiens Feldstudien und veröffentlichte zahlreiche *oral-history*-Bände und Zeitzeugenberichte, in denen die vielen »sprachlosen kleinen Leute« erstmals eine Stimme erhielten.
»Julia Ruano – Die Koka in der indianischen Kultur«* (»Julia Ruano – eine Stimme aus den Anden«), aus: Ciro Krauthausen (Hg.), *Koka – Kokain. Reportagen, Analysen und Dokumente aus den Andenländern.* © Raben-Verlag, München 1991. Aus dem Spanischen von Ciro Krauthausen.

Álvaro Mutis
geboren 1923 in Bogotá. Als Sohn eines Diplomaten verbrachte er seine Kindheit in Brüssel. Einschneidende Erfahrung war ihm der fünfzehnmonatige Gefängnisaufenthalt in Lecumberri (Mexiko) Ende der Fünfzigerjahre. Wie seine literarische Hauptfigur Gaviero Maqroll reiste Mutis viel und ging unterschiedlichen Berufen nach. Seit 1956 lebt er in Mexiko. 2001 erhielt er den Cervantes-Preis. Sein Freund Gabriel García Márquez nannte ihn »einen der größten Schriftsteller unserer Zeit«.
»Der Besuch von El Gaviero, dem Abenteurer«* (»Der Besuch des Gaviero«), aus: *Die Abenteuer und Irrfahrten des Gaviero Maqroll.* © Unionsverlag, Zürich 2006. Aus dem Spanischen von Katharina Posada.

Leoluca Orlando
geboren 1947 in Palermo, Sizilien, als Sohn einer großbürgerlichen Juristenfamilie. Jurastudium in Palermo und Heidelberg. Zwischen 1985 und 2000 Bürgermeister von Palermo. Gilt als engagierter Kämpfer gegen die organisierte Kriminalität, gegen Korruption und die *omertà*, das in der Bevölkerung verbreitete Schweigen und Dulden. 2006 ins italienische Parlament gewählt. Schulte kolumbianische Politiker wie den Bürgermeister von Bogotá.
»Sicherheit in Bogotá«, aus: *Der sizilianische Karren. Erzählungen.* Fischer Taschenbuch Verlag, Frankfurt a. M. 2006. © Leoluca Orlando 2006. Aus dem Italienischen von Moshe Kahn.

José Eustasio Rivera
geboren 1888 nahe Neiva, gestorben 1928 in New York. Doktor der Juristerei. Dichter, Anwalt, Parlamentsabgeordneter, Regierungsinspektor für die Erdölförderung am Río Magdalena. Als Mitglied einer kolumbianisch-venezolanischen Expedition durchstreifte er die Llanos und den Amazonaswald. An Beriberi erkrankt, schrieb er einen Teil seines

Hauptwerks *Der Strudel* in Casanare. Der 1924 veröffentlichte Roman brachte ihm über Nacht Ruhm. Auf einer New-York-Reise starb er überraschend.
»Mapiripana«*, aus: José Eustasio Rivera, *Der Strudel.* Rowohlt Taschenbuch Verlag, Hamburg 1990. Aus dem Spanischen von Georg Hellmuth Neuendorff.

Alonso Salazar
geboren 1960 in einem kleinen Weiler im Departamento Caldas als eines von elf Kindern einer Bauernfamilie. Studium in Medellín. Arbeit als Zeitungsredakteur, Fernsehmoderator, Buchautor und für das Bildungsministerium in Bogotá. Zwischen 2008 und 2011 Bürgermeister von Medellín.
»Das Viertel«, aus: Alonso Salazar, *Totgeboren in Medellín.* © Peter Hammer Verlag, Wuppertal 1991. Aus dem Spanischen von Werner Hörtner.

Fernando Vallejo
geboren 1942 in Medellín. Studierte Biologie in Bogotá und Regie in Rom. Filmemacher, gefeierter Skandalschriftsteller. Erklärter Tierfreund und Frauenfeind, dem von Kritikern immer wieder Zynismus und Gewaltverherrlichung vorgeworfen wird. Lebt seit 1971 in Mexiko. Rómulo-Gallegos-Preisträger 2003.
»Vorsicht beim Kauf eines Landgutes in Antioquia«*, aus: Fernando Vallejo, *Blaue Tage – Eine Kindheit in Medellín.* © Suhrkamp Verlag, Frankfurt a. M. 2008. Aus dem Spanischen von Elke Wehr.

Der Herausgeber

Ingolf Bruckner, Jurist und Buchautor, ist seit Jahrzehnten mit Äquatorialamerika und ganz besonders Guyana, Venezuela und Kolumbien verbunden.

Bildnachweis

7 Joropo-Unterricht vor der Casa de Cultura in Granada, Departamento Meta (Foto Ingolf Bruckner)

20 Zeichnung eines Salsatanzpaares

25 Vaquería in Trinidad, Departamento Casanare (Foto Ingolf Bruckner)

36 Torre Colpatria in Bogotá (Foto Jhonattan Balcazar)

41 Friedhof in Bogotá (Foto David Garzon)

54 Zeichnung des Sturmgewehrs AK-47 (»Kalaschnikow«)

60 Begräbnisstätte in Bogotá (Foto David Garzon)

63 Smaragd, eingeschlossen in Quarz

75 Tor zu einer Finca nahe Aguas Calientes, Departamento Cundinamarca (Foto Ingolf Bruckner)

81 Zeichnung eines Abenteurers

88 Zeichnung einer Kuh

98 Blumenstrauß (Foto Biscuit Eight LLC)

108 Überquerung des Quindío-Passes in der Kordillere der Anden; Strichzeichnung von Alexander von Humboldt (circa 1805)

118 Zeichnung einer kolumbianischen Indianerin

132 Schmetterling (Foto Jonathan Ruchti)

135 Zeichnung der Kokapflanze aus *Köhler's Medizinal-Pflanzen* (1897)

138 William S. Burroughs, umgeben von Yage-Pflanzen im Dschungel bei Macao (1953)

154 traditioneller kolumbianischer Bus, aufgenommen in Medellín (Foto dlrz4114)

164 Unterwasseraufnahme eines Hais (Foto Design Pics)

Foto Umschlaginnenseite: javarman 3